就実大学 グローカルブック

グローバル化に大学は如何に対応すべきか

就実大学 経営学部 編

GLOCAL BOOK

グローバル化に大学は如何に対応すべきか

就実大学経営学部編

本書は、２０１５年10月24日（土）、就実大学１１０周年記念ホール（S館１０２）で開催された就実グローカル・フォーラム２０１５「グローバル化に大学は如何に対応すべきか」を収録しています。

グローバル化に大学は如何に対応すべきか

目次

開会のあいさつ……………… 6
千葉喬三（就実学園理事長）

基調講演Ⅰ　これからのグローバル化……………… 9
ビル・エモット（就実大学客員教授）

基調講演Ⅱ　大学の国際化についての文部科学省の取組……………… 21
松本英登（文部科学省高等教育局　高等教育企画課国際企画室長）

基調講演Ⅲ　公州大学校のグローバル化の背景……………… 41
徐　萬哲（韓国国立公州大学校　前総長）

基調講演Ⅳ　イオンをつくるグローバル人材……………53
林　直樹（イオン株式会社相談役）

パネルディスカッション

グローバル化する地域経済と大学の役割……………79
ビル・エモット（就実大学客員教授）
松本英登（文部科学省高等教育局　高等教育企画課国際企画室長）
徐　萬哲（韓国国立公州大学校　前総長）
林　直樹（イオン株式会社相談役）
総合司会　杉山慎策（就実大学副学長兼経営学部長）

閉会のことば……………106
片岡洋行（就実大学学長）

開会のあいさつ

就実学園理事長　千葉喬三

本日は「就実グローカル・フォーラム２０１５」と銘打った第二回のグローカル・フォーラムにお越しいただきありがとうございました。

先ほど杉山先生からご紹介がありましたように、高名なビル・エモット氏、そして文部科学省高等教育局から松本英登さん、韓国から国立公州大の前総長の徐萬哲（セオ・マンチョル）先生、それから林イオン相談役さんと、大変豪華なメンバーでフォーラムを行いますことを私どもも大変誇りに思っています。テーマは大変難しい問題ですが、「グローバル化に大学は如何に対応すべきか」というものです。

私も50年近く大学の教職にかかわって参りました。今、思いますことは、日本の大学生は非常に内向きになっているということです。欧米はもとよりですが、アジアの諸外国に比べて極めて内向きになっていることを懸念しています。彼らは次の日本、あるいは世界をつくる人材でありますから、そういう若者たちが世界の出来事に対して関心を示さないということは、日本だけでなく世界にとってもこれは大変な問題になってくると思います。それで大学はこうした状況に対して対応していかなければいけないわけですけれども、ことはどうも大学だけでは対応できない段階に来ている。これは言い訳半分ですけれども、ぜひ社会を挙げてグローバル化への可能性を、あるいは世界をつくってくる若者をどのようにつくりあげていくかということを、これから私たちは考えていかなければいけないと思います。

そこで本日は、いまの若者に対して「如何にグローカル化に対応するか」というお話をしていただきます。とにかく異質なものと交わることで初めて新しい知恵が起こってきます。私の経験からもそのことがいえます。これからは、日本に閉じこもらず、新しい知恵を求めてグローバル化していかなければいけない。そのような意味で、本日のフォーラムで大きな示唆が得られるのではないかと期待しています。

基調講演Ⅰ

これからのグローバル化

ビル・エモット（就実大学客員教授）

ビル・エモット

元エコノミスト誌編集長・就実大学経営学部経営学科客員教授

1956年イギリス生まれ。80年に英エコノミスト誌ブリュッセル支局に参加。ロンドンでの同誌経済担当記者を経て83年に来日。東京支局長としてアジアを担当。86年に金融担当部長として帰国。その後ビジネス部門編集長となり、1993~2006年、同誌編集長を務める。1989年、日本のバブル崩壊を予測した『日はまた沈む』がベストセラーに。2006年には日本の経済復活を宣言した『日はまた昇る』が再び話題となる。

本日はお忙しい中、今回のグローバル化という大変重要なテーマに関するフォーラムにお越し頂きありがとうございました。

職業人となってからというもの、グローバル化は私の関心の最も大きな位置を占めてきました。私は１９６０年代にロンドンで子ども時代を過ごしましたが、もしそのころに「お前は数年後に岡山の就実大学で客員教授となって、このようなフォーラムで話をすることになるぞ」と誰かが言ったとしても、絶対に信じなかったと思います。

実際にここにお招きいただいたことは、グローバル化の、そして大学教育におけるグローバル化のささやかな一例だと思います。このフォーラムにこうして参加させていただいていることや、就実大学で客員教授を務めさせていただいていることを、非常に光栄に思っています。

ラグビーWC日本チームとグローバル化

確かに日本は１９６４年にオリンピックを主催してから著しく変化してきましたし、世界も変わりました。今回、私の母国イギリスに続いて日本で２０１９年に開催されるラグビーのワールドカップ、そして翌２０２０年にはオリンピックが開催されます。そうすると真の意味でグローバルなスポーツ、放送、そして新しいメディアの活動が展開されることになるでしょう。

今年2015年のラグビーのワールドカップで、日本は実際にラグビーの発祥国であるイギリスよりも多くの勝利を収め、イギリスよりもより多くの人たちの心と支持を集めました。この事実こそ、グローバル化の強力な証拠といえるのではないでしょうか。

また、日本チーム自体もグローバル化していたということ、つまり日本のスター選手に混じって、何人もの優れた海外出身の選手がいたという点です。スポーツの世界での話とはいえ、ラグビーの全日本チームは、グローバル化がいかに進んでいるかということの教訓を教えてくれています。

80年代のグローバル化は貿易が軸

今から33年前に、私が初めてエコノミスト誌の海外特派員として日本に来たとき、「グローバル化」といえばもっぱらモノの輸出入に関してであり、それにせいぜい海外直接投資について少し関心がもたれている程度でした。私が最初にエコノミスト誌に書いた記事は戦闘機の輸入をめぐるロッキード事件です。贈収賄の罪に問われた田中角栄元首相の裁判の判決でした。このことはモノの貿易が政治や法律にも実際に重要な影響を与えていたことを物語っています。

確かに当時は貿易摩擦問題が世界的な関心事でした。もちろん、ソ連による大韓航空機撃墜事件のような冷戦の緊張にも大きな関心が注がれてはいましたが。

当時は日本から多くの才能ある若者がアメリカやヨーロッパに留学していました。しかし日本に勉強に来る外国人留学生はほとんどいませんでした。人々の思考や着想は海を越えて双方向に流れてはいましたが、現在のようにオープンかつ即時性を持つものではありませんでした。

重層的なグローバル化

今年２０１５年の話に戻りますが、グローバル化は今やもっと複雑で、重層的な現象になっています。「グローバル化」というこの言葉すらも、国や人々、技術や情報、それに文化までも相互に結合していることを表すには不十分です。またグローバル化が意味する国と国とのつながり方も、先進国家間だけの関係であった１９８３年の当時とは違い、国の大小にかかわらず、また国の貧富、開発段階の如何を問わず、世界中のありとあらゆる国々が関連し合っています。

このことは、先ほどの日本のラグビーチームにおける成功に話を戻せば分かります。まさに２０１５年版のグローバル化です。

コミュニケーションとアイデアのグローバル化

それは「コミュニケーションのグローバル化」です。この日本の成功は、瞬く間に世界中に広がり、何十億人という人々が、テレビやインターネット、携帯電話その他の媒体を通じてリアルタイムで目撃することになったのです。

これはまた「アイデアのグローバル化」でもありました。日本チームに外国人コーチを多く起用し、日本人選手の体格に合わせた世界クラスのトレーニングを行い、勝つための戦略を練っていったのです。こんなことは30年前には、およそ想像もできなかったことでしょう。

考えてみれば、それは当然のことです。日本以外にも、多くの国の代表チームがニュージーランドやオーストラリア人コーチを招聘しています。ニュージーランドとオーストラリアが世界一ラグビーが強いからです。

そしてこれが「人のグローバル化」なのです。外国人コーチとともに、何人かの外国からの「移住選手」もいました。彼らが日本チームの戦力の多様性を高め、チームを強くしていったのです。

それが現代のグローバル化です。かつてのような貿易と資本のグローバル化だけでなく、今日ではコミュニケーション、アイデア、人のグローバル化がはるかに進展しています。

何がグローバル化するのか？

そこで私は、本日のテーマに関して次のような問題提起をしたいと思います。

第一に、今後30年間のグローバル化には何が対象となるのか、第二に、現在及び将来におけるグローバル化の動きの中で大学はどのような役割を果たすべきなのか、さらにグローバル化は大学をどのように変えなければならないかという点です。

当然のことですが、こうした将来どうなるかという問いに明確な答えを出すことはできません。それは私が１９８３年に来日した当時も同じでした。

ただ少なくとも次のことは確かに言えるのではないでしょうか。

第一に、グローバル化そのものはそれほど不確定ではないということです。グローバル化のプロセスとその複雑さに不確実性が強まるということなのです。私たちは、ビジネスマンも学生もこの「グローバル化の不確実性」に対して覚悟しておく必要があります。

第二に、私たちが言えるのは、貿易や資本の移動、人々の移動といったグローバル化が今後も続いているかどうかという問題については、政治が極めて重要な役割を演じるだろうということです。

戦争やテロリズム、ナショナリズム、すべても関わりがあり、新種の疫病の蔓延といった予測不能な現象も影響してくるでしょう。こうした形のグローバル化が続いていく可能性は高いのですが、それが不可避というわけでもありません。過去にこれらを回避したことがありますし、今後回避できないという理由はありません。

不可逆的なアイデアのグローバル化

第三として、そういうことがあったとしても、アイデアのグローバル化が政治的な出来事によって妨げられることはないと思います。情報テクノロジーやコミュニケーションは今や世界共通であり、アイデアのグローバル化の流れが逆流することは考えられません。

むしろ起こりうるのはアイデアのグローバル化がさらに勢いをつけるであろうということです。中国やインドなど貧困国の何十億もの人たちの経済や社会が発展したことで、これらの国々での教育が大幅に改善されます。世界的に毎年新卒者の数が急増しています。世界人口の史上かつてない高い割合の人々が、大学教育を享受しています。科学研究者の数も、歴史上なかったほど増えています。このため新しい科学やテクノロジー、その他のアイデアが生まれる可能性、そしてその頻度は格段に高まるでしょう。また、そうした発見や着想の源泉は、世界のどの地域からも起こってくるでしょう。

その発見の元は、かつてないほど地域的に多様性を求めてくることがあります。アイデアのグローバル化は、今まさに始まったばかりです。この先、20～30億人の人々が大学教育を受ける時代がきます。そのとき果たしてグローバル化はどのような形になっているでしょうか。

大学にとってグローバル化は追い風

これが第二の問題提起につながってきます。大学にとってこれは何を意味するのか、日本の大学はどう応えていけばいいのかということです。

ある意味では、大学にとってグローバル化は大きな追い風と捉えるべきです。もっとも逆風もあります。競合の逆風、資金調達の逆風、人口の高齢化による逆風などです。当然グローバル化のプロセス自体の中で起こる文化的な逆風もあります。

ただそんな中で、イギリスでは大学というものが大きな「輸出産業」になっていることに注目してください。イギリスの大学は海外の学生たちに教育を与えることによって所得を得ているのです。同時に、夥しい数の研究者を海外からリクルートすることによってアイデアの「輸入業者」にもなっているのです。ラグビーの日本代表チームがやっていることと同じです。もっとも、これは簡単なことではありません。大学が研究開発の拠点機能を維持するために、資金的な問題をはじめ大変な苦労をしていることも事実です。

私が日本に来た１９８３年頃、日本のトップ大学の主な使命は、国内の大企業や中央官庁のための、いわば人材選別機能を果たすことであったといっても、それほど的外れではないでしょう。大学入試に受かる方が、大学で学ぶことよりも大事だったのです。

例外も幾つかありましたが、一般に日本の大学は教授陣、研究の提携、そして学生のグローバル化がほとんど出来ていなかったと言っていいのではないでしょうか。

クリティカル・シンキングが重要

それでは、今日の日本の大学はどうでしょうか。外から日本を観察している立場から、次のように言っておきましょう。

第一に、大学の機能として今やかつてないほど重要になっているのがクリティカル・シンキング（Critical Thinking：多様な角度から検討し、論理的・客観的に理解すること）を教えることです。またそうした思考ができる世代をサポートすることです。

特にグローバル化に変化がもたらされている今日では、それが必要になります。経営者たちが直面する国際競争はますます激化しています。イノベーションの進展は、常に新たな産業や事業分野に広がっています。

一方、社内で研修をして人材育成できる余裕のある企業は減っています。また、非正規雇用の割合が総労働力の40％近くに達したことで、オン・ザ・ジョブ・トレーニングよりも個別教育や自己啓発がより重要になってきています。そしてさらに重要になっているのが、大学などで生涯教育を提供する可能性というのが求められるようになっているということです。

起業支援機能

第二に、世界の至る所で新たな着想やテクノロジーが、大企業ではなく小企業や新規創業を生み出しています。そして大学には、そういった若い企業に対して初期のアイデアや知的資産を提供することが期待されています。そうした役割はますます重要となっており、立ち上がりの難しい数年の時期を乗り切るべく支援していく必要があります。ただ、この役割は、日本においては残念ながらまだまだと言えるのではないでしょうか。

大学自体の世界とのつながり

第三に、世界規模で大学間の競争が増加しているということは、大学が独自に最善の方向を見いだしていくことよりも、世界の最高で最新の着想、技術、思考につながっていることの方がずっと大切であるわけです。ラグビーのように、最高の経営陣、あるいは人材は外国人たちだということがしばしば起こるゆえんです。

世界をキャンパスに

第四に、学生たちに対しては、これからのグローバル化された世界に備えさせるには、世界に踏み出させていくこと、そしてまた世界を彼らのキャンパスや日常生活に引き込むことが重要です。どちらか一方を選ぶという問題ではありません。双方向が大切です。

先ほど理事長のお話を聞いていて思ったのですが、メディアというのはもう少し教育的な機能を十分に果たす役割があってもいいと思います。メディアというと、どちらかというとあまりグローバル化されていません。この双方向の議論、教育ということが大切だというのですけれども、これはもしかすると大学とメディアの間で協力して取り組むべき問題ではないかと思っています。

大学は経済力・競争力の源泉

最後に、大学教育が国民所得と国の競争力にとって、かつてないほど重要な存在になるだろうということです。グローバル化した知識社会、そして世界クラスの教育、それもあらゆるレベルでの大学の仕組みにおいて行われることが、ますますそして永続的に不可欠になるでしょう。

ということは、すでに大学教育において強い伝統がある岡山は、これからの時代において貴重な立ち位置にあるといえます。客員教授として注目するのはワクワクする世界であり、これからの世界について今から考える岡山の一員になれて、私は光栄です。皆さん、ご清聴ありがとうございました。

基調講演Ⅱ

大学の国際化についての文部科学省の取組

松本英登
（文部科学省高等教育局
高等教育企画課国際企画室長）

松本英登

文部科学省高等教育局高等教育企画課国際企画室長。

1998年旧科学技術庁入庁後、原子力関係、初等中等教育関係の業務に従事後、科学技術理解増進、スーパーサイエンスハイスクール等の立ち上げの実務を担当。その後、英国留学、原子力施設の立地地域対策、記者クラブ対応、副大臣秘書官事務取扱、東日本大震災対応業務等に従事したのち、前職は在スウェーデン日本国大使館一等書記官。2014年8月より現職。

文部科学省の松本であります。本日は久しぶりに岡山に伺う機会に恵まれました。先ほどビル・エモット先生から「グローバル化が進んでいなければ、今日自分はここにはいなかった」というお話がございました。このお話は私にとっても非常に感慨深いものがあります。1990年、今から25年前、私は中学3年生でしたけれども、ビル・エモット先生の書かれた『日はまた沈む』の日本語訳を小遣いをはたいて買って読んだ記憶があります。私は若干変な子供でして、その時点から国を憂いていた生徒だったわけです。これから日本はどうなるのだろうかということで、その本を読んだのですが、今日はそのビル・エモット先生がいらっしゃる場で、自分の仕事とのつながりで話をすることになろうとは、25年前には夢にも思っていませんでした。これもまたグローバル化ということだろうと思っているところです。

東京からこちらに来る車中で『日はまた沈む』を少し拾い読みしていたのですが、大学の学生についての記述がありました。日本の大学の学生にとって、大学生活の4年間というのは、一生のうちで唯一自由な時間であると書かれています。高校時代は大学受験に費やし、4年間を大学で自由に遊んだあと、また会社に入ってサラリーマンとして一生頑張るという趣旨のことが書いてありました。

この25年で何が変わったかを考えると、まず大学が学生に与えている環境条件が非常に良くなったと思います。今日、このセミナーも学生の皆さんに世界的な視野をお持ちの方から話を聞いて、できるだけ刺激を受けてほしいという大学側の親心から始まったものと思います。教育活動や日々の授業も昔に比べると、色々な管理がきちんとされるようになり、よりプラクティカルになっているといえると思います。

私はいま、文部科学省で大学の国際化の推進を担当しているのですが、「グローバル化」という背景で、文科省は現在何をしているかという話を簡単にしたいと思います。

転機は1983年

まず日本の大学の国際化の現状ですが、外国人の留学生の受け入れの状況、それから日本人の学生が外に出ていくアウトバウンドの状況はどうなのか、という話を、明治大学の横田雅弘先生の研究を下敷きにいたします。

日本の留学生の受け入れは1950年代から、戦後アジア地域の戦争賠償という観点でもって始められました。

そこから大きく変わって来たのが1983年です。まさにこの時期がスタートポイントとされています。1983年に中曽根総理が当時東南アジアに行ったときに、「自分は日本に留学したのだけれど、自分の子どもは日本に留学させたくない」という話を聞いて衝撃を受けられ、これではいけないということで、「留学生10万人計画」が始められました。

その後、留学生に対する支援政策は拡充されて、２００３年に10万人計画は達成されました。達成の最大の要因は、１９９３年ぐらいに、中国政府が中国の学生が個人資格で海外の留学ビザを取る際の規制を緩和したことだそうです。これを機に、中国人の留学生がたくさん日本に来られるようになって、10万人が達成されたという経緯があります。

この時期が日本の大学が国際化する最初のキックオフだったと言えますが、実際のところ、現場でどのような受け入れが行われたかというと、1年間日本語学校で日本語を一生懸命勉強した中国人の学生が、普通に大学の入試を経て日本の大学に入学し、大学に入っても日本語で教育が行われるというものでした。ですから、日本の大学本体にもたらした「国際化」としての影響は、非常に小さいものだったと指摘されています。つまり、既存のシステムにそのまま日本語のできる外国人が入って来ただけということでした。ですから、日本の大学自体はあまり変わらなかったといえます。

国のお金の使い方について申し上げると、留学生政策のそもそもが、戦後の賠償ですとか、アジア地域への国際貢献、国際協力などとして進められてきており、先ほどエモット先生からお話のあったとおり、高度経済成長が終わったあとで、日本が国際的な役割をどう果たしていくかの検討の中で、国際協力の一端として留学生の受け入れが行われるようになりました。従って、先ほどの話にあったような高度な人材を海外から集めてくるという考えは当初はありませんでした。また、英国のように、留学生に自国の学生より多額の学費を払ってもらって、大学の経営に役立てるという発想はその当時はなかったのです。

大学グローバル化の新ステージ

2003年にめでたくこの「留学生10万人計画」が達成されて、その後、今申し上げたような国際協力的なモデルから留学生に大学の経営に貢献してもらう「クライアントとしての留学生」、それから高度な人材を国として獲得していくというモデルに切り替えていくようにしていかないといけないという議論がいろいろと行われました。

皆さんもご記憶があるかもしれませんが、福田内閣のころ、前の自民党政権の最後のころにそういう議論が始まり、「留学生30万人計画」が立ち上がり、それを2020年までに達成するというのが現在の政府の施策です。

直近の留学生の数は、日本語学校の学生も含めての数ですが、18万4000人です。これを30万人にもっていくというのは、正直なかなか大変なことです。

先ほどのご講演にも少し関わるのですが、ここで留学生の獲得と教育の国際化コストの地域別の類型化を分析した東京工業大学の佐藤由利子先生の研究成果を紹介したいと思います。

エモット先生のご出身のイギリスのような英語圏の国から、日本のような非英語圏の国々があり、非英語圏の国の中でも大都市もあれば地方都市もあります。岡山は、この非英語圏の中の「経済活動の活発な地方都市」というカテゴリーになるのではないかと思います。

地方ではグローバル化支援コストが大きい

この資料によると「大学における国際的にしていくコスト」は、やはり英語圏大都市が一番低く、非英語圏の地方都市は高くなっています。留学生の獲得の容易さは、それに反比例した形になっています。そして英語圏の大都市においては、大学の「輸出産業化」が進み、そうでない非英語圏の地方都市では、教育の国際化を進める上での政策的支援の必要性が非常に大きいことが指摘されています。

私も日々仕事をしておりまして、まさにこの分析の通りと思っています。現在、国として対応できているのは、主に大都市圏の大学の支援の取り組みまでですが、これから地方の大学にまで支援をどう拡げていくかが課題です。

多様な日本への留学生

それから、留学生の受け入れについてですが、留学生の母国や地域によって、何を目的に日本に留学に来るのかはかなり違っています。

ベネッセの研究会の資料によると、欧米の学生で日本の大学で学位を取る目的で来る学生はほとんどいません。大半の目的は、サマープログラムへの参加だったり、短期留学、体験活動だったりで、日本を知りたいという目的でいらっしゃる方が多いのです。台湾・韓国・香港といった国々も、自分たちの国の大学のレベルが非常に高くなっているということもあって、学位追求型というよりは、欧米型に近くなっています。

中国はまだ学位を取ることが主目的で来ている方もいますし、もう少し所得水準の低い国と同じように、学位の取得のみならず、アルバイトをして親に仕送りしたいとか、経済的に自立して日本で就職したいといった目的で来られる学生さんもいらっしゃいます。タイ、マレーシア、インドネシア、ベトナムなどがそうです。

低い日本の大学の留学生割合

また、ＯＥＣＤの調査をみても日本は総学生数の中で外国人留学生の占める割合が非常に低いという現状があります。どこから留学生は来ているのかというと、中国を中心に、やはりアジア地域が91％となっていて、ほとんどはアジア地域から来ています。その6割が中国からで1割が韓国と、日本の留学生の7割は隣国の中国と韓国からです。

ただ少しこの傾向が変わり始めていて、韓国からの留学生が今減り始めています。

中国もこれから急激に少子高齢化が進みますので、これから中国からの留学生がたくさん増えるというのは難しくなっています。その代わりに今増えているのが、ミャンマーやネパール、ベトナムといったところからの留学生です。これは、先ほどの留学目的でいうと、「財産形成」とか「キャリア形成」「経済的自立」ということもきっかけになっているようです。

さらに、今までの中国や韓国の学生さんというのは日本語の習得が非常に早いといわれていました。ところが、これは漢字文化圏だからです。これから入ってくるアジアの学生というのは、非漢字文化圏の学生なので、やはり日本語の習得がこれまでと比べると遅いことが指摘されています。このため日本語の教育が難しいのです。そういった中で、日本の大学が留学生に、補足的な日本語教育を含めて対応していくのが大切な状況になっています。

海外へ出て行く留学生

世界中でどの国が留学生を多く送り出しているのかを見ると、中国は76万人の学生を世界中に送り出しています。これは実際すごい数で、皆さま方がもし海外の大学や大学院に入学されるなら、イギリスに留学に来たのに、まわりを見たら中国人ばっかりだったという状況があります。また、インドや韓国といったところも、非常に留学生の送り出しが多い国です。

日本から出ていく留学生についてみると、２００４年の８万２９４５人という数字がピークでした。それから減ってしまって、２０１１年には５万７０００人となりました。後ほどお話しする時間があると良いのですが、今現在は努力してなんとか６万人までもっていっています。

米国への留学の減少ペースは革命当時のイランと同じ

実は、かつて日本は世界で最もアメリカへ留学生を送り出している国だったのですが、そこから劇的に減った経緯があります。

研究者の話だと、このような劇的な減り方と同じような減り方をしたのはイランの例しかないそうです。イランは日本と入れ替わる前まで、アメリカへの留学生の送り出しが最も多い国でした。しかし、ご存知のとおりイラン革命がありまして、留学生が劇的に減少したという急変がありました。

日本もそれと同じぐらいのペースで激減していて、日米関係上の大きな問題として指摘されています。アメリカのキャロライン・ケネディ大使も、盛んに米国への留学をプロモーションされています。ですから、皆さんもぜひ米国留学をしていただければと思います（笑）。

それから、こちらのデータは高等教育機関に在籍している学生さんのうち、海外に在籍している学生の割合ですが、ＯＥＣＤの平均は２％ですが、日本はその半分の1％です。

グローバル人材とは何か

ここから、グローバル人材の育成がなぜ必要になっているのかについて、お話ししようと思います。

そもそもグローバル・タレントとは何かということなのですが、「教育振興基本計画」という文部科学省が教育政策として進めていくうえで基礎としている計画の中に書いてありますのは、グローバル化が加速する中で、日本人としてのアイデンティティを持っていること、自国の文化を理解すること、語学力、コミュニケーション力があって、主体的で積極性があって、異文化を理解できるという人材で、ありていに言えば「どこに行っても大丈夫」という人材ということになります。

そういう人はなかなかいないと思いますが、概念的にはそうです。

また、千葉理事長の最初のごあいさつの中で、学生さんたちの海外へ出て行こうという意識が低下しているというお話がありました。「内向き思考」だということも一部でいわれています。

就職への影響と費用負担が障害に

ただ、どちらかというと、学生の意識は二極化しており、揺れているのだと思います。全体的に見ると、大学生に「留学に行きたいですか」と聞くと、6割ほどは「正直あまり行きたくないです」「行きたいと思いません」と答え、残りの4割の学生さんは「行きたい」とか「ぜひ行きたい」と答えるという結果が出ています。

「留学に行けない、行かない理由は何ですか」と聞くと、いくつかボトルネックがあるようで、やはり今の日本の就職のシステムだと就職活動のタイミングを逃してしまうのではないかという懸念、それから留学はやはり個人負担が発生しますので、お金がかかるという点。それから、そもそも大学が4年で卒業させてもらえない。留学が制度的に学業に取り込まれていないので4年で卒業できない。親の理解が得られないという点もあげられています。「外国なんて、怖いところだから行くな」という話です。

この4点ぐらいが課題ではないかと指摘されています。そのうちで、就職に関しては、いま経団連をはじめ、通年の採用ですとか9月、10月に採用ということも検討されていますし、大学の体制の方も、いま文科省から大学にお願いして、留学を全体のカリキュラムの中に組み込んだ形で評価してほしいということを申し入れています。

語学力の不足も大きな要因

また別の調査で、「グローバル化に対してどう思いますか」と質問したアンケートでは、皆さん、「グローバル化」という言葉は耳になじんでいて、「グローバル化は騒ぎ立てるほど特別なことではない」と言っています。では自分が海外で活躍したいかというと7割の人が「そうでもない」と言う。一方、親は「自分の子どもには世界で活躍して欲しい」と思っています。

では「今からグローバル化のための準備が間に合うと思うか」と聞くと、具体的には語学を念頭に置いていると思うのですけれども、大学3年生になると「グローバル化は当たり前のことだと思うけれど、自分には間に合わない」という答えをする学生が多い結果となっています。

次に、社会人になってからの新入社員のグローバル化への意識はどうか。2001年から継続的に調査していて、この十数年の推移をみてみると、「海外に行って働きたいと思わない」という人が6割ほどいて、新入社員の意識は「内向き」になっていることが示されています。20、30代の方に話を聞くと、特に新興国、発展途上国での就労は、あまりしたくないという回答が多いです。実際、途上国での生活はなかなか大変ですから、そういう意識があることも理解できます。

「語学力、コミュニケーションの能力の方はどうですか」という質問については、日本の場合、英語教育が大きな課題になっている中で、「自分の語学力は不十分だと思う」と「少し不十分だと思う」を合わせると8割ぐらいになります。そして、大学の英語教育というのも「正直役立っていない」という結果になっています。ＴＯ

ＥＦＬのテストでも、日本のアベレージ・スコアというのは世界的にも極めて低いという状況があるのです。

企業が望むアジア展開の人材

一方で、企業の側ではどうかということですが、これは後ほど別にお話があるかもしれませんが、日本企業の海外現地法人の平成12年の売上高をみますと、欧州、アメリカではなく、アジア地域での売り上げが最も多くなってきています。

先ほどご紹介があったとおり、私はスウェーデンのストックホルムにいましたが、ストックホルムの日本人駐在員クラブの規模は小さくなってきています。日本企業がスウェーデンの企業を買収することはよく行われておりますが、このような場合、最初は日本人駐在員が来るのですが、買収した会社を日本の本社のシステムに適合させたあとは、スウェーデン人のローカルスタッフに経営してもらうようにするのです。日本企業は、個別には駐在員を置かず、デュッセルドルフやロンドンをヨーロッパの拠点にして集約しています。ヨーロッパから削減したリソースは、アジアに回すということがいろいろな企業で実際行われているようです。

また、世界中の日本人学校とか日本人補習校を文科省や外務省ではサポートしているのですが、アメリカやヨーロッパにおける日本人学校や日本人補習校の多くは、今では日本人の奥さんと外国人のご主人とのご家庭のお子さんが大半を占めていて、大使館員や駐在員の子どもは少数派になっています。その代わり、バンコクの日本人学校は、ものすごく大きくなっているのです。

企業の売上高の地域別シェアを考えると、状況は非常に変わってきています。こうしたことを考えたとき、アジアで展開する時に、地域に拠点を作れるような人材が欲しいというニーズが企業から出てくることも当然です。経産省の調査の結果でもこのことが報告されています。

いろいろな課題がある中で、全部お話ししたわけではありませんが、先ほどエモット先生が話されたことも含めて、様々な外的要因と内定要因が組み合わさってグローバルな人材の育成、それから大学の国際化というのが非常に大きな課題になっているかがみえてきます。

世界トップレベルの大学を

これに対して政府が何を考えているかですが、「教育再生実行会議」の第三次提言では、大学の国際化にフォーカスをあてています。ここでは大学の改革をどんどん進めグローバル化を図っていくことが言われております。世間の耳目を引いたのは、国際化を進める大学を「スーパーグローバル大学」と位置づけたことです。英語では「Top Global University」とされています。

先ほど申し上げた留学生の増加、これには外国人留学生の受け入れの増加と日本人留学生の派遣の増加も含みますが、この中でも謳われています。

「教育再生実行会議」の提言はあくまで「提言」なのですが、これが「日本再生戦略」、新聞には「成長戦略」と書かれますけれども、中長期で政府がこれからどういうアプローチをするかという閣議決定レベルの施策として落とし込まれています。具体的には人材教育システムのグローバル化、英語による授業の拡大など、大学の改革システム事業を積極的に進めていって、世界トップレベルの大学を日本の中につくっていくことが目標に定められています。先ほどの留学生の増加の話も、この成長戦略の中に取り込まれています。

そういった国の方針を受けて、文科省としてもいろいろな取り組みを行っています。

大きくは、①大学に対する組織的な支援、機関としての支援、と②留学生や日本人の学生に対する個人の支援、に分かれますが、合わせて４５０億円ほどの資金を投入しています。

その中で、先ほど申し上げた「スーパーグローバル大学創成支援」事業を昨年から始めまして、日本の大学の中で「トップ型」といわれる研究型大学を13校選んで、世界の拠点になる大学をつくっていくことにしました。政府の目標としては、10年後までに世界ランキング１００位以内に日本の大学を10校入れていくということが謳われています。

ランキングの評価はタイムズハイヤーエデュケーションなどいくつかありますが、いずれにしても１００位に10校入れるというのは大変なことです。タイプＢの「グローバル牽引型」という大学は24校選びました。日本にはいろいろな形の大学があり、芸術大学だったり、私学の単科大学だったり、リベラルアーツの大学などいろいろな形があります。それぞれの大学の特徴の中で、日本の大学の国際化のあり方を示し、先導してもらえそうな大学を選定しました。中国・四国地域では、広島大学が研究大学型の「トップ型」大学として選ばれ、岡山大学がタイプＢの「グローバル牽引型」として選ばれています。

キャンパス・アジア

大学の世界展開力強化という事業も私の担当で力を入れています。日本の大学が持っている世界の大学との関係やネットワークを強化しようとする取組を行っています。中国、韓国と連携して始めた「キャンパス・アジア」という取組は特に注目されていて、その後、その他の地域にも世界的な展開をしています。

さらに、外交政策上においても大学間交流は一つのツールになっています。今、安倍総理が中央アジアを歴訪されていますが、その際にも、当該国に展開している名古屋大学や筑波大学の取組が、まさに国の努力として紹介されていて、大学の活動も外交関係の強化に活かしていこうという流れになっています。

トビタテ！　留学JAPAN

もう一つ、新しい取組としてスタートしたのが「官民協働海外留学支援制度～トビタテ！　留学JAPAN～」プログラムです。これは全国の大学の学生さんに呼びかけて募集をしているのですが、特徴のある留学のプログラムを提示していただけば、選ばれた学生さんには海外留学のサポートをするというものです。資金の出所は税金ではなく民間企業からの寄付で、日本の多くの企業から浄財をいただいています。そのお金は200億円を目指していて、現在100億円を超えたところですが、そのお金を使って学生さんを支援し、将来のグローバル人材の育成に役立てています。寄付をしてくださった企業の多くは海外で展開されている企業であり、ご寄付をいただき、協力していただいています。

アジアに高等教育圏を

ここまでほとんど国内の話を致しましたが、最後にちょっとだけ、今後の大きな見通しをお話ししたいと思います。「ASEAN＋3（アセアンプラススリー）」は、ASEANの国々と日・中・韓の三国ですが、この枠組みでいろいろな動きが進んでいます。先ほど申し上げた「キャンパス・アジア」をはじめ、大学間コンソーシアムで共同教育プログラムを動かして、有用な人材を育てていこうという動きが進んでいます。

「キャンパス・アジア」については、先日の外相会談でも続けていきましょうということになりました。また、ＡＳＥＡＮとの間ではＡＩＭＳ（ＡＳＥＡＮ International Mobility for Students：ＡＳＥＡＮ横断型グローバル課題挑戦的教育プログラム）というプログラムがあります。これは東南アジアの国々の大学が同じようにプログラムを組んで、その域内で留学生を相互に交換していこうというものです。日本は２０１３年から加わりました。ですから日本の大学にもそのプログラムに沿ってアジアの学生がやってくる。昨日は韓国の代表団もやって来まして、韓国もＡＩＭＳに入ることになったので、２０１６年からは韓国も加わってこのプログラムによる留学生が増えてきます。

話を「キャンパス・アジア」に戻すのですが、キャンパス・アジアは日・中・韓でやっているけれども、これからその数を増やした上で、次のステージとして東南アジアの国々と一緒にやっていきたいという話になっています。

さきほどのＡＩＭＳの話と併せると「ＡＳＥＡＮ＋３」の中で、いずれアジアにおいて「高等教育圏」ができてきます。ヨーロッパは一つの大きな高等教育圏になっていて、「エラスムス（ＥＲＡＳＭＵＳ）計画」とか「ボローニャ・プロセス」と呼ばれる枠組みが動いてきました。ヨーロッパの大学は、学生を教育するための前提条件として、大学のシステムを揃える取組が行われています。アジアは、国によって経済的な発展度合いがだいぶ違いますので、様々な困難はありますが、この先5年10年を考えると、徐々に共通した観点で高等教育を推進するという動きが強まるものと期待しています。

その中で日本が何をすべきかを考えると、ASEAN＋3の教育大臣会合などの場を活用して、共通のガイドラインを提案したり、今まで日本の大学研究者が税金を使って研究してきたフィールドワークの成果や、教育方法に関する情報を提供したりして、アジアの高等教育圏のフレームをつくる上での貢献をすべきと考えています。

グローバルな人材を求める動きが強まる中で、国として留学生を受け入れることにも力を入れますが、学生さん達にも積極的に海外に出ていっていただきたいと思います。

それから、このあとのパネルディスカッションのテーマになるかもしれませんが、大学も自らをどのように改革していくべきかをそれぞれ模索している状況であることをご理解いただければ幸いです。

ありがとうございました。

基調講演Ⅲ

公州大学校のグローバル化の背景

徐萬哲《セオマンチョル》（韓国国立公州大学校　前総長）

徐萬哲（セオ・マンチョル）

韓国国立公州大学校地球環境学部教授

前公州大学校総長・地球物理学 Ph.D（ルイジアナ州立大学）

2010 年から 2014 年まで公州大学校総長、韓国国立大学学長協会会長を務められた。公州大学校は韓国忠清南道公州市にある大学で、国際化の先進校として国内外で知られている。

韓日基礎科学協力プログラム（KOSEF-JSPS）議長、韓国教育科学技術省諮問委員会委員、韓国国連国際記念物遺跡会議（ICOMOS）委員などの公職も多数。

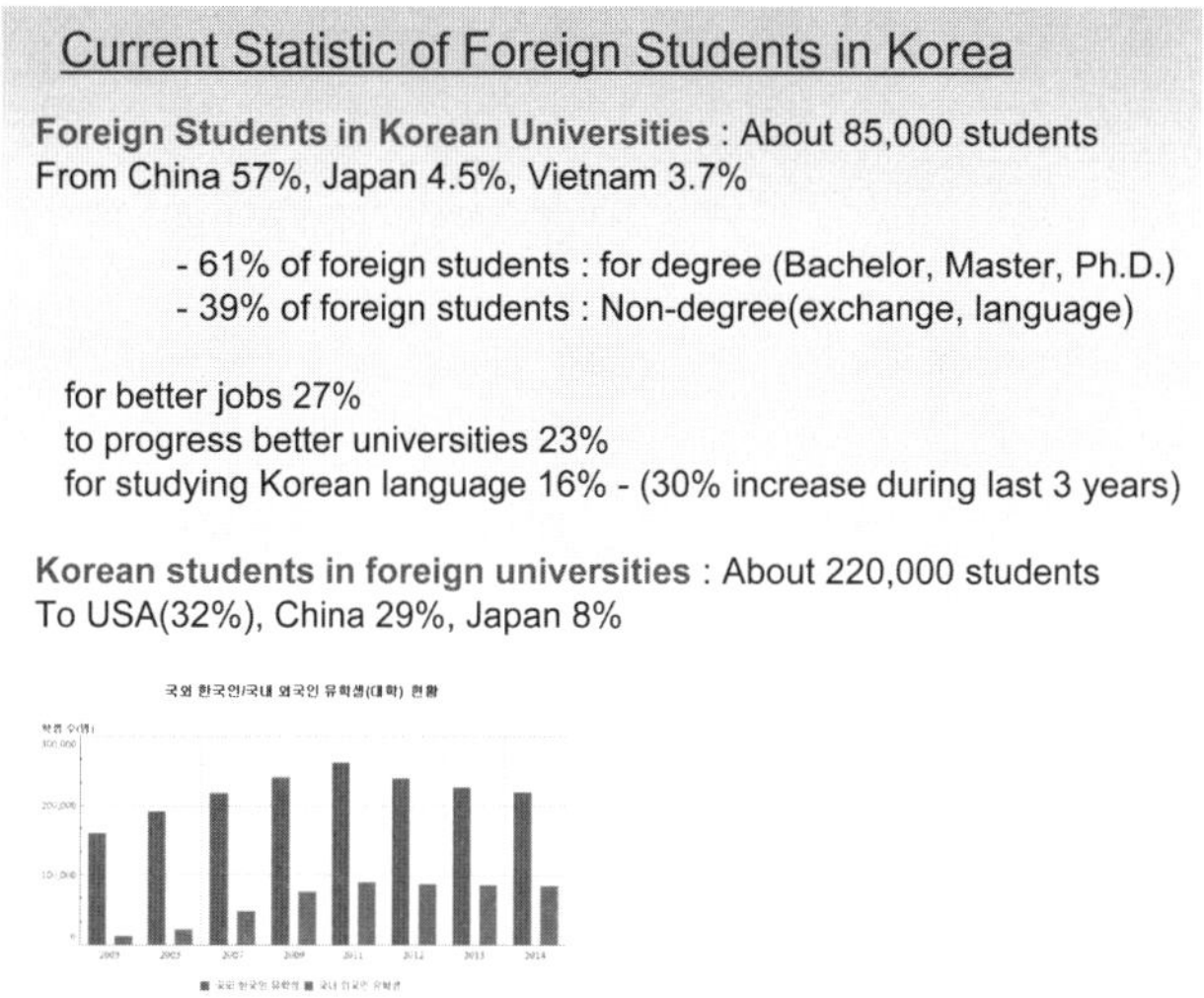
Current Statistic of Foreign Students in Korea
Foreign Students in Korean Universities : About 85,000 students
From China 57%, Japan 4.5%, Vietnam 3.7%
- 61% of foreign students : for degree (Bachelor, Master, Ph.D.)
- 39% of foreign students : Non-degree(exchange, language)
for better jobs 27%
to progress better universities 23%
for studying Korean language 16% - (30% increase during last 3 years)
Korean students in foreign universities : About 220,000 students
To USA(32%), China 29%, Japan 8%
국외 한국인/국내 외국인 유학생(대학) 현황

本日は110年の輝かしい歴史を持つ就実大学にお招きいただきまして、この「就実グローカル・フォーラム」に出席する機会を頂いて大変光栄に思っています。

実は就実大学は2度目の訪問です。3年前に私が公州大学校の総長の時、就実大学と研修協定の締結を行った際、共同プランを作成するため訪問させていただきました。このプログラムによりまして、学生と教員たちが相互に訪問したり、教育や研究、文化活動などを展開しています。このプログラムがさらに活発になることを期待しています。

本日は私の大学のグローバルプログラムについてお話しするとともに、さらなるグローバル化のために皆さまからのお知恵をお借りしたいと思っています。

これは韓国における留学生の統計です。現在、8万5000人の留学生が韓国にいます。そのうち、中国からは57%、日本からは4・5%、ベトナムからは3・7％となっています。ほぼ3分の2の学生が、学士であったり修士であったり博士であったりの単位取得のために来ていまして、残り39％の留学生は交流とか言語取得のために単位取得以外の目的で来ています。

韓国から海外に行っている学生数は22万人ほどですので、韓国内への留学生の2・5倍になっています。

この5年間、韓国にやってくる学生数はそうは変わりませんけれども、韓国から出て行く韓国人学生は減少傾向にあります。

公州大学校

私がいる国立公州大学校は1948年に設立されました。公州の町は、人口10万人ほどの小さな町ですが、それに比べますと、大学の規模は非常に大きいといえるのではないでしょうか。

公州市は、実は皆さまご存知の日本語でいう「百済王朝」の都があったところで、1500年前に隆盛を極めた歴史のある町です。百済の史跡は実はユネスコの世界遺産に登録されていますので、皆さん韓国においでになる機会があれば、ぜひお出掛けください。

公州大学校は3つの都市に4つのキャンパスがありまして、国立大学としてはビッグ12の中に入っています。学部は94ありまして、そのうち1万8000人が学部生で、大学院には3000人、合計2万1000人の学生を擁しています。就実大学と同じように、公州大学校も幼稚園から高校までの系列の学校を持っています。

本論ですが、なぜグローバル化が大事なのでしょうか。それは、世界はだんだんと「ひとつの社会」になっておりまして、生活の質も向上しております。世界的な社会福祉が重要になるにつれて、グローバル化が大変重要になってきていると思います。

実は、この発表のために準備しておりまして、大変興味深い数字をみつけました。2015年のKOFのグローバル化インデックスをみますと、国際化の世界ランキングが、日本は54位、韓国は62位、そして中国は75位となっています。この指標はグローバル化を、経済、社会そして政治の側面から評価しています。日本のような先進国が54位というのは奇妙なことです。

韓国の順位も低いですが、私たちは共にもっと努力しなくてはいけないと感じます。54位で日本はいいのでしょうか？（笑）

公州大学校のグローバル化への取組

私の大学は5つのカテゴリーでグローバル化を進めています。つまり「国際事務局」（OIA）、「国際教養学部」（DIS）、「外国語教育機関」、在外韓国人のための教育センター、そしてイングリッシュ・オンリー・ゾーン（ＥＯＺ）です。

「国際事務局」についてですが、交換留学生という制度は就実大学にもあると思いますけれども、私どものところでは、世界中から毎年80人の交換留学生を受け入れています。

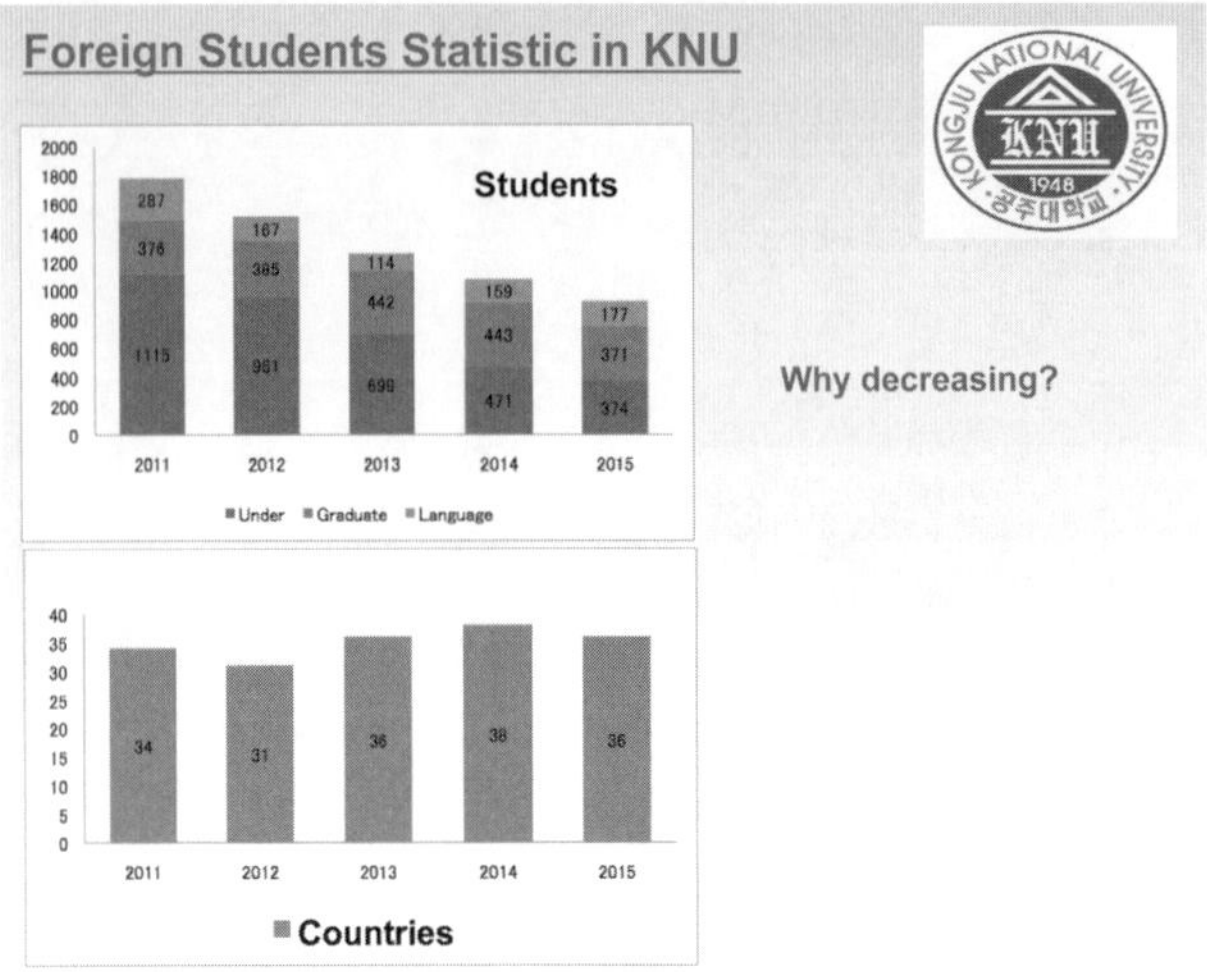

そして英語でコースは提供されていまして、75のコースがあります。

3つの大学間の短期交換プログラムもありまして、中国の山東大学、日本の山口大学との3校で協力しています。先ほど、文科省の松本室長さんからお話があったものです。それぞれの大学から5人の学生が参加いたしまして、1週間ほど一緒に生活し、お互いの歴史や言語を学びます。

各国の学生とペアになる「バディプログラム」という制度も用意しています。留学生、あるいは交換学生らが空港に着いた途端から、私どもは完璧なサービス、サポートを心がけていまして、私どもの大学の学生自体が留学生や交換留学生の世話をすることになっています。留学生が韓国の新しい環境になじむよう、様々な社会活動や支援プログラムなども用意しています。

グローバルラウンジという国際化を促進するための制度があります。これは2010年の3月に出来上がったのですけれども、留学生のためにワンストップですべてのサービスが出来るような機能を持たせています。そのほかにも、国際的なお祭りですとか学生のグループで利用できるたくさんの活動を行っています。

私はここに来る前、スタッフに外国人留学生の状況を聞いてきました。残念なことにすごい勢いで減ってきています。大学院、並びに語学修得のための留学生はそう変わりませんけれども、学部生が大幅に減少しています。

なぜ、このように激減していったかということを調べますと、どうやら学外、組織外の問題のようです。一つには、中国における政策の変更があります。60％の留学生は中国からの学生ですが、中国の大学が充実したので留学生が減ったのではないかと考えられます。中国の高校を卒業した人が中国の中の大学に入れるチャンスが高まったということです。もう一ついえば、中国の経済発展によりまして、中国の留学生は韓国に来るよりはアメリカやヨーロッパを目指すようになったという現状があります。

国際教養学部

そこで私たちは、グローバル化プログラムを、少し変更することにしました。それは4年前に国際教養学部（DIS：Division of International Studies）を設立したことです。ここでは経済学、物理学、数学、統計学など、すべてを英語で教えます。これはWEBサイトに載っていますのでご覧頂ければと思います。

この学部は、特徴としましては学問的な成長や国際的な環境を提供できること、そして、いろいろな学問の融合した一つの優秀なモデルになるのではないかと考えています。この新しい学部には94人の学生がいます。内訳は韓国人75人、外国人留学生19人です。

留学生たちは14、15カ国から来ています。中国、日本の他、東南アジア、米国、メキシコ、南米、スペインなどです。授業もすべて英語で行われていますし、プレゼンテーションなどもすべて英語やドイツ語で行わなければなりません。

この写真ですが、真ん中が就実大学からお越しいただきました杉山先生、そして左側に並んでいるのが、就実大学の学生さんで、わが大学の学生と議論をしています。このときはテレビ取材を受けました。

公州大学校国際教養学部の授業は、韓国人と外国人留学生が一緒になり、すべて英語で進められる。

米国のフットボールのプロ選手やモルガン・スタンレー社から講師に来て頂いたこともあります。在韓国の日本公使にきて頂いて特別授業を受けたこともありました。

国際教養学部の事業としては、ニューヨークの国連本部でのインターンシップの実施があります。２つの代表団をこの夏、ニューヨークに派遣しました。あるいは私どもの学部から学生が選ばれまして、ＰＥＣＣ（アジア・太平洋経済協力会議）に出席しました。また別の学生はＡＰＥＣ（アジア太平洋経済協力）のエデュテーメント教育プログラム（Edutainment Education Program）に選ばれています。

韓国内の活動について言いますと、エッセイ・コンテストで4位に入賞した学生もいます。あるいは韓国内の外国企業へのインターンシップに招かれた学生もいます。

在外韓国人向け教育

他のグローバル化のための事業として、在外韓国人向けの教育センターもあります。この機関は２００８年に設立されまして、海外にいる韓国人のための教育を促進する目的があります。

この機関では、韓国語の教育、韓国語の教員の教育、そして韓国の歴史や文化を教えます。それとともに、海外にいる韓国人たちのネットワークを強固にすることを目的としています。毎年１０００名以上の方々が、韓国の文化、歴史、そして言語を学ぶために、このセンターを訪れています。

２００７年にはウランバートルのモンゴル国立大学の中にSejong（世宗）Hakdang（King Sejong Institute）を設立しました。世宗は、６００年前にハングルのアルファベットを考案した王様の名前です。

ここでは韓国語教師の教育研修など韓国語教育に力を入れています。この目的は、韓国において大学院で学ぶこと、あるいは就職活動の助けになること、また帰国後、母国で本学で学んだことを生かしていくことにあります。

韓国民族音楽や史跡訪問などの積極的な交流も、相互の文化理解に役立っています。

イングリッシュ・オンリー・ゾーン

他のグローバル化のためのプログラムとして、イングリッシュ・オンリー・ゾーン（ＥＯＺ：English Only Zone）があります。このエリアでは参加している学生さんは英語でしか会話をしてはいけないという決まりになっています。

また、国際授業プログラムの中で韓国語のプログラム、あるいは韓国語による教員の養成、そしてまた言語と文化の体験を提供するプログラムがあります。

外国人留学生で韓国語が十分できない学生さんは、こちらに在籍し、1年以内に韓国語を習得することになっています。その後、韓国語の試験を受けまして、パスしたら公州大学に入れる仕組みになっています。

目標は留学生10％

まとめてみます。

現在、留学生は、公州大学校の全学生の約5％に過ぎません。というのは、この3年間にいわゆる外的な要因によりまして外国人留学生が減少してきたからです。今後はその数を10％にしたいと考えて努力をしています。

公州大学校は留学生を増やすため5つのカテゴリーのプログラムを持っております。私の大学は5つのカテゴリーでグローバル化を進めています。

つまり「国際事務局」（ＯＩＡ：Office of International Affairs）のプログラム、「国際教養学部」（ＤＩＳ：Division of International Studies）、そして「外国語教育機関」（Institute of international language education）、在外韓国人のための教育センター（Education center for overseas Koreans）、そしてイングリッシュ・オンリー・ゾーン（ＥＯＺ：English Only Zone）です。

「国際教養学科」（ＤＩＳ）のプログラム自体は、単位を取得できるプログラムでありますので、学士、修士、博士号を取得することが可能です。そのほか4つのプログラムにつきましては、単位制ではございません。しかしながら大学学部レベルもしくは同等の水準の教育を提供できていると考えています。

大学としては、このＤＩＳのプログラムがさらに強くなるように、推進しています。私が総長の時にも精一杯努力しておりました。

公州大学校は学生たちに１００％のスカラシップを提供しています。彼らは、大学の寮にタダで住むことができます。一切お金は掛かりません。これは大いに胸を張れるところです。

こうした施策により、もっともっと外国人の数を増やし、留学生がやってくる国の数も広げようと思っております、例えば東南アジア、あるいは南アメリカ、中東などです。

中でも就実の学生さんをお待ちしています（笑）。私の大学と就実大学は、姉妹大学なので特別なものを用意してお待ちしています。ありがとうございました。

基調講演Ⅳ

イオンをつくるグローバル人材

林　直樹（イオン株式会社相談役）

林　直樹

イオン株式会社相談役、元取締役会議長

イオン前身であるジャスコ株式会社設立時に入社。人事・総務担当役員時はイオン人事制度の基盤を築き、ディベロッパー担当役員時にはショッピングモール開発に尽力。その後、同社取締役会議長に就任され、ガバナンスと内部統制の推進に努められた。

皆さま、こんにちは。イオンの林であります。

どうしてここに立っているのかということに関しては、いまだに不思議な感じがしています。千葉理事長さんから極めて強力な「圧力」がありまして今日ここにいるということは確かなようです（笑）。それを「指導」と受け取るか、「強制」と受け取るべきかは単に言葉の問題であります（笑）。

私はこの度、就実大学から特任教授という肩書きを頂戴しました。これが初仕事ということになります。皆さん、寛容の精神をもって私の話を聞いてください（笑）。

「1％クラブ」と「イオン環境財団」

今日の演題は「イオンをつくるグローバル人材」というタイトルです。これから日本が目指すグローバル企業とは何か、そしてそういうグローバル企業を創っていく人づくりとはどういうものでなければならないかということを、多方面から分析していきたいと思います。

私の肩書きは相談役でありますが、一つ目の肩書きは「イオン1％（ワンパーセント）クラブ」というものです。主としてCSR活動、とりわけ高校生、大学生、いわゆる若者の国際交流、それから奨学金を交付するようなことをしております。

それから、二つ目の肩書きは「イオン環境財団」です。これはまさに環境問題に熱心に取り組んでいるNGOに対してご支援を申し上げています。

ＮＧＯへの支援と同時に、我々自身も植樹をしていこうということを積極的にやっています。名刺にも「樹を植えています」と書かせていただいています。これは１９９０年ころから、名刺に入れています。

私どもは木を植える事業でお金を儲けるのではなくて、岡山駅前のイオンモールのような小売業をメーンにしている会社であります。別に木を植えるのが本業ではありませんけれども、我々のミッションの一つに、「木を植える」ということをテーマとして掲げさせていただき、それを我々のスローガンにさせていただいています。

イオンは、この「イオン１％クラブ」と環境財団をいずれも１９９０年前後に設立致しました。この時期というのは、ご存知のとおりベルリンの壁が崩壊しまして、「東西冷戦」が一つの区切りを迎え、代わって「南北問題」と「環境問題」が先鋭化し始めていた時期でした。その当時、社内には、とりわけ環境問題が世界的に深刻な問題になるのではないか、という共通認識がありました。

そうした背景があり、財団をつくり、我々は木を植え、緑化を進めていこうということを決断しました。

およそ25年たったわけですけれども、２０１３年にようやく１０００万本を植えることができました。

我々の活動は、もちろん従業員もやりますが、お客さんやボランティアと一緒に植えていくという点に特徴があります。こういう活動を通じて１０００万本を達成したわけです。

この中には万里の長城もあります。今は緑がかなり豊富になっていますが、当時は緑がほとんどありませんでした。イオンは長城周辺に最初に100万本を植えました。「モウコナラ」という自生の木を見つけて、ドングリから育てていきました。すると北京市政府の方も参加すると言い出し、1000万本の木を植えるということになったのです。我々が一つのトリガーを引いて、北京市との共同戦線で計画的に取り組んでいったわけです。

これは「核子的」効果を生みました。実は1000万本を植えるということは、もともと北京市には苗木を作るという業者がいなかったのです。1000万本の苗木を育てるところからやりますものですから、一つの事業が成立したわけです。今も北京ではその苗木を作るという事業は、継続していると伺っています。いずれにしろ、この名刺にはそういう意味があるということでご理解いただければいいと思います。

それから、名刺に「ダイバーシティ」と書いていますけれども、これは今年、「グローバル化」が進む中で企業のありかたとして「ダイバーシティ」というノウハウや課題にもっと取り組まなければいけないということになり、今年の施策の柱に取り上げました。

創業230年

さて、本題に入りたいと思いますが、今日は4つのテーマに沿って話を進めたいと思います。

はじめに、せっかく時間をいただいていますので、若干会社のPRもさせていただきたいと思います。雑誌、広報を通じて我々の会社をPRさせて頂いておりますが、この機会にさらに認識を深めて頂けると幸いです。

とくに就実大学の学生さんたちにはそうですよ（笑）。当社のことをよく理解して頂いた上で、インターンシップにお出でになる学生さんがたくさん出てくることを期待しております。もちろん、学生さん以外の方々にもよく聞いて頂ければと思います（笑）。

まず会社の概要を申し上げます。会社そのものは1970年に岡田屋とフタギ、シロという3つの会社が合併してできたわけですけれども、この岡田屋そのものは実は江戸時代の1785（天明5）年に今の三重県四日市で創業した会社で、非常に古い歴史を持っております。ですから創業230年ということになります。

1970年に3社合併によって「ジャスコ」という全く新たな社名を使って、会社をつくりました。それが30年たって、2001年に、「イオン株式会社」に社名変更致しました。

「イオン」というのは「永遠」をあらわすラテン語です。「ジャスコ」というのは全くの造語でした。これは、３社合併で新しい会社でスタートしていくときに、単なる足し算ではなくて、かけ算でさらに飛躍していこうという意味が込められています。

現在、14カ国で店舗を展開しておりまして、１万８０００カ所の営業拠点を持っております。

２０１５年２月期の営業収益（売上高）が約７兆円。営業利益が１４１３億円です。15年２月期の業績は、消費税の８％への引き上げの影響もあって、前の期に比べてかなり落ち込みまして、こういう数字になってしまったということであります。

グループ会社は２８４社ということですが、この中には海外のグループ企業81社が含まれています。

我々は商品の調達でいろいろ苦労しているわけですが、その中で我々自身が直接輸入している金額は、原価ベースで約６２００億、売価でいいますとだいたい１兆円ぐらいの金額となっています。ですから、７兆円の売り上げに対して、約１兆円分が直接輸入している製品だとお考えいただければ結構かと思います。輸入先は、中国からが半分、そのほかアメリカ、韓国をはじめ約80カ国から輸入しています。

我々の従業員ですが、パートタイマーさんを含め雇用形態が多様化しています。８万５０００人のいわゆる正社員といわれる人、それから契約社員の人が35万人、合わせて43万５０００人、今現在では45万人ぐらい雇用していると思います。その内、中国事業での雇用が1万5000人、アセアン事業での雇用が1万6000人、という構成になっています。

我々は雇用というものが、企業の社会的責任の中で一番大きい要素だと思っております。この雇用の維持という意識は、当社では大変強いものがあります。今まで45年間ジャスコとして事業を進めてきて、いろんな浮き沈みがありましたが、こと従業員に関しては、人員カットというようなことを一度もやったことはありません。雇用の維持ということを社会的ミッションとして、非常に強くとらえています。

それからもう一つは、納税の義務です。ちなみに年間1000億円ぐらい税金をお支払いさせていただいています。もちろん、その税金の使い道についてもうちょっと考えて頂きたいと思う局面が多いことは残念ではありますが、とりあえず、企業の社会的責任として、しっかり税金を納めていこうということです。

ここで営業収益、いわゆる売上高を、事業別にみていきます。我々は基本的には小売事業でありますが、「小売事業」で5兆5千億円ぐらいです。クレジットや銀行を含む「金融業」で約3300億円。それから「デベロッパー事業」、岡山の駅前のイオンモールのような仕事をいろんな所で展開していますが、これが約2500億円。「サービス・専門店事業」が約7000億円。サービスというのは、ビルのメンテナンスやアミューズメントなどの事業です。

さらに先ほどお話しした海外事業ですが、アセアンが2000億。中国が

1700億円という数字になっています。

以上は売上ベースの話ですが、これを利益ベースでみますと、小売事業は5％で、割合としてはちょっと小さくなります。先ほど申し上げましたように、昨年は小売の収益が非常に落ちたということで、こんなシェアになってしまいました。ですけれども、通常の年度ですと、だいたい小売事業が4分の1、金融が4分の1、デベロッパー事業が4分の1、その他が4分の1というのがイオン例年の利益構成です。

アジアシフトとシニアシフト

イオンの成長の足取りを振り返ってみたいと思います。先ほど申し上げましたように、1970年にイオンの前身のジャスコが発足しました。この時はだいたい500億円強の売り上げでした。それから10年後に6000億までになりました。最初の10年間で10倍、後はだいたい10年ごとに2倍ぐらいのペースで伸びてきていますので、今の5兆円から2020年には、大台の10兆円を達成出来るのではないかと考えております。したがって、雇用につきましても50万人を超えるという水準を考えています。

我々は10年ごとに「中・長期戦略」というものを掲げております。70年代の戦略の中心にありましたのが「連邦制経営」というもので、主に地方スーパーと合併をしていくというプロセスを経営の柱として採用しました。

さらに80年代になりますと「多角化戦略・国際戦略」に力を入れました。90年代には連結経営を意識した経営になっていきましてイオン・グループを確立していきました。

2000年になりますと、社名を「イオン」に変更しました。この戦略的意味合いについては、時間の関係で今日は省きます。

それで2010年代になりますと、「アジアシフト」の戦略が進み、それから高齢化という流れもありまして「シニアシフト」を考えました。この2つを大きな戦略シフトの柱としました。その他に、「都市シフト」、「デジタルシフト」もあるわけですけれども、こういう戦略的な方向性で具体的な施策を展開しております。

現在は「アジアシフト」ということで、積極的にアジア展開を図ろうとしています。しかし、実際に、アジアに進出したのは1980年代半ばです。このころから既にマレーシア、香港、インドに進出していました。しかし、その頃はまだグローバル化というものを特に意識したものではなかったのです。海外に行って、手広くチャレンジしてみる。私は1970年に入社しましたが、その当時の社員の感覚は、小売業は基本的にローカルなビジネスだということでした。就実大学のスローガンとは違って、言ってみればThink Locally, Act Locally、考えも行動もローカル一色だったのです。

その当時はまだ企業規模も小さくて東京にも名古屋にも本格的には進出していな

くて、大阪、関西中心に事業を展開していました。将来は海外に出て行って事業をするんだという考えは経営陣にもなく、社員は国内で頑張って成長していけばいいんだという意識の人間ばかりでした。

それで80年代に、こうしたマインドを大きく変えようということで、海外で積極的に事業展開をしようと意志決定するわけです。

この戦略転換は、じつは人材戦略としての意味合いが大きかったわけです。我々のマインドがここで変わるわけです。１９８０年代ですから、我々が入社して15~16年です。海外に出て行って、マレーシア、香港、それからタイにも出ていくわけですけれども、この当時に出て行ったのは、我々の世代、「ジャスコ第１期世代」だったのです。この世代がフロンティアを切り開き、今日のグローバル化の先兵隊となって出て行ったということになります。

アジアで女性幹部を積極登用

今現在、海外の要員はどうなっているのかを紹介致します。アジアではマレーシア、タイ、ベトナム、カンボジアといった国々に出て行っています。これらの国々の幹部社員に女性を登用している割合はだいたい50~60%です。アセアン本部だけは、ちょっと日本人が多いのですけれども、それ以外はほとんどローカルのメンバーでやっています。経営幹部の半数以上が、すでにアセアンでは女性になっているということです。これは、海外展開を始めたときには思いもしなかった状況です。結果的にこうなったということなんです。

では、日本国内はどうなのかというと、日本はまだ経営幹部の11％しか女性がいません。後ほど話す機会があるかと思いますが、新入社員の入社面接にだいたい2000名ぐらい来ますが、女性のほうが多いのですね。放っておくと8割ぐらいが女性になってしまうのです。ですからダイバーシティ推進の観点から、「男性にも機会を与えなければ」といった配慮も必要になってくるほどです（笑）。

しかし経営幹部になるのは、今は男性が9割近くだということも、言っておく必要があると思います。

日本でもアジアの拠点のように半分以上が女性という時代は、もう間もなくやってくると思います。我々が目指している姿もこういう形でなければならないと思っております。

ただ日本の男性の方がアセアンの男性よりも勤勉だということは確かなので、そこは少し下駄をはかせていただいてもいいポイントかなとは思います（笑）。

実際にイオン・マレーシア、これは現地で上場している企業ですが、メリー・チューさんといわれる人が社長をしています。イオン・ストアーズ香港も社長はクリスティーン・チャンという現地人です。いずれも生え抜きの人です。今はイオン中国の総責任者は、羽生有希さんという人です。パナソニックの日本人社員と結婚したので羽生姓を名乗っていますが、実は中国人の女性です。非常にしっかりとしたマネジメントをされる方であります。このように、多くの外国人女性が活躍されています。この人達以外にアセアンにはあと２人の女性社長が誕生しています。

一方で、日本でも女性の社長が多く誕生しています。イオンの関連会社は２００社あるわけですけれど、そのうち14社が女性社長です。ダイバーシティ推進という点では、まだまだ課題はありますけれども、かなり女性のポジションは上がってきていて、大学生、新入社員からみますと、高い評価が得られているのではないかと感じているのが、正直なところです。

３段階のグローバル化

さて、それでは、イオンのグローバル化の歩みにつきまして、簡単にお話ししたいと思います。グローバル化は３つの段階に分かれて進展してきたと考えています。

第一は、「グローバル・マーチャンダイジング」です。いわゆる商品のグローバル調達に力を入れています。それから第二は「提携」であります。いわゆる欧米のファッション、飲食のコンセプトなどをジョイント・ベンチャーで導入していきました。これによって我々自身が変化していったということです。第三は、アジアでイオンが自ら小売業の業容拡大を図っていったということです。

「グローバル・マーチャンダイジング」の面では、これは海外からの商品調達、スタートはこういう形で目標をつくったりして、しかもその当時、70年代、まさにジャスコができた時代ですけれども、ブラジルやオーストラリアに牧場をつくったり、それから韓国に水産会社をつくったりしています。

それから、80年代に入りますと、輸入により商品調達網を広げていきました。従来、輸入は商社に頼って行っていたのですが、「アイク」という自分たちの商社を設立して、アセアンを中心としたアジアを対象とした開発輸入・並行輸入を拡大していきました。

90年代に入りますと、さらに業容を拡大して本格的に国際マーチャンダイジングを推進していったということです。この先もアジアの商品の品質が良くなるに従って、直接輸入はかなり増えていくだろうと考えています。

二つ目の「欧米専門店との提携による多角化」です。この当時求められたものは、当然商品の「専門性」が必要なわけですけれども、それ以外に「語学」の必要性が高まりました。とくに欧米企業とジョイント・ベンチャーをつくっていくということになりますと、どうしても語学のできるグローバル社員を育成していくということが重要になってきたというわけです。

語学よりも度胸とこころざし

三つ目の、「アジアでの小売業の拡大」をスタートさせたときに必要となったのは、

「専門性」プラス「度胸」です。相手先から訳の分からないこと、無理難題をいわれることも多々あるわけですが、そこをどうにかして切り抜けていく力が必要なのです。「とにかくマレーシアに行って自分ひとりでやってこい」というわけです。10人ぐらいのチームで行くわけですけれども、日本本社のサポートというのはほとんどないんです。取引先のルート開発から何から、全部自分たちでやらなければいけません。そういう意味では、とにかく度胸がないとだめだろうと思います。「度胸」は言い換えれば、独立心、それから志すものをきちっと持った人間でないと駄目だということになります。グローバル人材は今やイオンにとっては極めて重要な要素になっています。

先ほど来、大学におけるグローバル化ということのお話、それから文部科学省の松本さんからの提案など、いろいろ貴重なお話をお伺いしました。

我々は語学というものは大切だと思っています。しかし、語学の前に、やっぱり現地に行ってみること、行って自分で感じることが重要だと思うのです。そのためには、ある程度の度胸があって、独立心があれば、何とかなるものです。

私は大した語学力はないものですから、海外事業部の勤めをさせていただけなかったんですけれども、それでも7年間ほどはマレーシアの現地法人で取締役をやらせていただきました。それなりの度胸だけはありましたからできたのです。

今600人ほどの日本人社員が、アセアンや中国に行っています。英語を自由自在に操れるしゃべれるという人間は1割もいません。ただし、高校までちゃんと勉強してきた人ばかりです。単語をよく知っています。ですから、「習うより慣れろ」というのがありますが、イオンのグローバル人材育成の柱というのは、とにかく「行ける人間が行く」ということになります。

現在、600人ですけれど、毎年、200人ほど交代で行ったり帰ってきたりしておりまして、海外に赴任した経験のある人間の数は相当多いと思います。数えるのが難しいほどです。

高校卒業程度の英語力でも1年間、現地で業務に一生懸命取り組めば、相当の英語力が身につきます。

ところが、これは、アメリカに行ってもなかなか難しいです。身につきません。マレーシアとかタイとかは、日本語と英語のチャンポンです。チャンポンは中華料理ですけれども、これがいいのです（笑）。本当にそれで通じるのです。

日本人社員も、標準語でしゃべる人よりも関西弁の人の方が営業成績がいいんです（笑）。たぶん関西弁のテンポのほうがきっといいのでしょう。それで英単語と日本語を駆使して、なんとか通じるのです。

そうすると、今度は困ったことに妙な日本語を使うマレー人が増えてきているのです（笑）。あまり正しい日本語をマスターしていない日本人が行くものですから、変な日本語を使うマレー人が増えてきてちょっと困ったことになっているわけです。

そういう意味では、正しい日本語をきちんと日本の大学で教えるということの方が大事だということかも知れません（笑）。まあ、これは冗談ですけれども、現地に行けば「度胸」さえあれば、言葉の方は何とかなるものだということです。

80年からスタートした小売事業の海外展開、90年代にはアジア出店を加速させ、２０００年以降、アセアン本社、中国本社を設立して急速にグローバル化を拡大させています。

現在、マネジメント体制としては、アセアン本社、中国本社、日本本社という３本立てになりまして、中国本社のトップは中国人の女性ということです。アセアン本社の社長はまだ日本人ですが、先ほど言いましたように、アセアン本社全体としては、かなり人材としてはグローバル化しています。問題は日本の本社です。海外社員の割合は11％に止まっていますのでまだまだです。ここをどう改善していくのかという点が、今からの課題になっています。

それからグローバル展開ということで、これから出店数を増やしていくつもりですが、店舗数は２０１６年度でもアセアンが１５７店舗、中国でも78店舗という規模ですので、まだまだ成長のスピードを引き上げていく必要があるというのが、現時点の反省です。

中長期戦略・起業家精神・人材と教育・理念

ここまで成長してきたキーワードは次の4点に集約されるのではないかと思っております。つまり第一に「中長期戦略」、第二に「起業家精神（チャレンジ）」、第三に「人材と教育」、第四に「理念」の4つです。おそらくあと20〜30年はこの4つの柱をきちっと認識してやっていくことで、発展、成長は可能だろうと考えています。

一つは、確固とした「中長期戦略」を明確に打ち立て、それを社員や幹部に対してきちっと説明する。その中長期戦略に沿った人材戦略というものを必ず立てていく。戦略を遂行する上で、人材の育成というのは、本来は戦略の前に立てておかなければいけないところがあるわけですけれども、この「人材戦略とリンクした中長期戦略」を立てるということ、これは経営者がやらなければならない最大の仕事です。

そして二つ目は、社員、幹部、一般従業員も含めて、「起業家精神」を大事にしていったということです。起業家精神というのは、すなわちチャレンジ精神です。イオンの海外戦略の成功は、まさにチャレンジ精神の発露であったわけです。

三つ目は、「人材の育成と教育」です。事業戦略を見据えた人材戦略。これは採用から社内教育にいたるまで一貫した姿勢で人を育てていこうという当社の伝統です。

そして四番目は、我々が持っている理念というものを教育していくこと。先ほど

1％クラブ財団や、「木を植える」活動の話をしました。これもその一つですけれども、社会にいかに貢献していくか、我々はお客さま第一主義で社会に貢献していくんだということを、明確にＤＮＡとして意識的につないでいくということが非常に重要であると考えています。

10％の成功

現在、我々が掲げている中長期戦略ですけれども、「10％の成功」ということを掲げています。いろんなチャレンジを我々はしています。しかし当然ながら、成功するものばかりではありません。いろんなトライをして結果として、実を結ぶ事業というのは10％ぐらいしかないということなのです。

我々は多くの失敗から、沢山のことを学びました。「不正に対しては厳しく、失敗に対しては寛容に」というのが我々の考え方です。失敗はチャンス、つまり次のチャレンジができるチャンスだと考えています。そういう意味で、戦略というものを取りあえず計画して用意するわけでありますけれども、ただその通りにやれば必ず成功するというものではないという現実から、失敗に対してどう会社として対応するのかという点が重要だと思います。

「客観的な判断力」と「主観的な判断力」

しかし、この挑戦する際に必要なことというのが2つありまして、「客観的な判断力」と「主観的な判断力」です。お客さま、我々自身の価値観、好き嫌い、嗜好は日々変わりますし、年度ベースの、あるいは長期の時間の流れの中での、大きな変化が当然起こっているわけです。その中で、確定しているもの、不確定なものにはパターンがあります。

その中で、やはり我々自身が客観的な判断力できちっと分析できることがまず重要です。

そして分析するだけでは駄目で、次に大事なのが主観的判断です。その場で何を選択するかです。選択肢はいろいろありますね。10個も100個も、あるいは場合によっては1000個もあるかもしれません。その中から、何を事業の柱にしていくのか、何が大切なのか。不確実性の中で、どういうリスクを我々は負っているのか。そういう意味でのきちっとした判断力と、同時に決断力というものが必要となります。これはきちっと後進の人々に視覚化して伝えていかなければならないと思っております。

イオン と セブン&アイ

セブン&アイのベースはイトーヨーカドーですね。同じような商売でスタートしています。今でいうスーパーストアーとか、ＧＭＳ（General Merchandise Store）とかいった業態です。しかし、イオンはその後、金融市場に出て行って、いわゆるお客さまの決済の仕方を変え、それからショッピングセンターというものをつくって、小売りの場というものを変えていくということをやります。そちらに事業を移す、ある意味ではプラスしていくということをやりました。

セブン&アイさんは、ＧＭＳ　プラス　コンビニということでやられました。創業者も一生懸命勉強されました。本当にアメリカまで勉強しに行ったんです。

同じ事象をみながら、相互にコミュニケーションして変化の方向を研究し、教育もするわけです。しかし、最後に選択する事業というのが違うのです。それは多分それぞれの会社の生い立ちとか、人材の質、レベルあるいは社風、そういったものを総合して判断した結果が、イオンは金融やディベロッパーなどの業種をプラスしていったのです。

セブンさんは、セブン—イレブンを中心としたコンビニエンスをプラスしていったのです。コンビニエンスというものをどう進化させていくかということに力を入れられたわけです。

同じ事象をみて検討しても、選択したものは違う。しかし結果としてそれぞれ流通の中では、並び称される程に成長してきたというわけです

ここは簡単に言ってしまいましたが、大切なところです。正解があるわけではな

いのです。それぞれのプロセスをつないでいく実行力があるかどうかということです。

そういう意味で、果敢にチャレンジするマインド、こういう社風を持ち続けていくことが大切なのです。

企業内ベンチャー

ここに起業つまり、起こした会社のリストを掲げています。これは社員がこういう事業をやってみたい、チャレンジしたい、という提案をして、それが事業化され、起業化されたものです。イオンファンタジーという会社は、子供向けのアミューズメントを提供している会社ですが、辻さんという社員が「どうしてもやらしてくれ」ということで始まりました。大体やらしてくれというと反対する社風ですから(笑)、最初は取りあえず反対が多かったのですが、結局はやりきったということで、株式会社イオンファンタジーという会社名で設立されたものです。

それから、(株)コックス、それからマックスバリュー西日本(株)、イオンフィナンシャルサービス(株)、これらはすべて社員が自ら起案して、起業していったものです。

「まいばすけっと(株)」という会社は、都市型小型食品スーパーマーケットです。コンビニに負けない業態にすべく、東京都内を中心に店舗を展開しております。それから「イオンバイク」も同様です。これらはいずれも社員が起業した事業ということです。

教育は最大の福祉

それから、三番目は人材の教育ということで、我々は「教育は最大の福祉」だと考えています。「福祉」というのは、色々な観点があるわけです。高齢化の問題や年金の問題もそうです。そういうことではなく、イオン・ピープルに対して、会社としてやるべき最大のミッションは教育です。しかし、それは前提がありまして、成長しようとする人間にとって「教育は最大の福祉だ」という考え方でいます。従って、成長しようという人間は全て自己申告、自己責任です。どういう仕組みでどういうことを学んで、社外で教育を受けるか、それは自己責任なのです。

我々の今最大の問題は、日本国内、日本本社の問題です。日本人のマインドがまだまだグローバル化していないということです。ダイバーシティの観点から、女性の登用についてもまだまだ十分ではありません。

海外トレーニー制度

もう一つ申し上げましたら、「習うよりも慣れろ」ということで、「海外トレーニー」という制度を重視しています。これは日本人社員のグローバル化を進めるため、強制的ではありますけれども、自己申告の世界ですから、海外に送り出して鍛えるのです。海外に行って、その国の国柄、文化、民俗、そういった多様性といったものを肌で感じて帰る。そうすると、先ほど言いましたように1年後には、語学もある程度クリアして帰って来ます。

この「トレーニー制度」というのは、だいたい25、26歳、いわゆる入社して3年目ぐらいの方に行ってもらいます。国内の業務できちっと基本のスキルを身につけてからの「トレーニー」です。ですから向こうに行きますと、それなりのポストに就くわけです。生鮮食品、野菜をやっている人だったら、食品全体の責任者になります。そういう経験を積んで帰ってきます。

今は600人ほどそういう形で行かせています。ここでグローバル化へのチャレンジ、多様性に対するチャレンジといったものを学んでいくのです。

「イオン人」らしさ

イオンでは教育という括りの中で、これまで「イオン大学（1994年）」「ジャスコ大学（1969年）」という大学を設立し、知識教育、スキル教育を中心とした教育に力を入れてきました。

そして2012年には「イオンDNA伝承大学（2012年〜）」を立ち上げました。今まで申し上げました「中長期戦略」やチャレンジ精神、それから理念、こういったものはイオンのＤＮＡだと思います。これらをアセアン、中国への進出に際してもきちっと理解しておく。ある意味では日本人らしさと言い換えてもいいのですが、日本人らしさを超えて「イオン人らしさ」という言葉で集約させていただきます。

基本理念の大切さ

以上の三つが非常に大事なのですが、さらに大切にしているのは、基本理念です。我々はいったいどういう存在なのか。我々のお客さまは消費者です。消費者の価値観や嗜好の変化に対して我々自身が変化していけるのか。お客さまの変化に、どう対応していけるのか。これを基本としています。お客さまを原点に事業の繁栄を通じて平和を追求し続ける企業集団であり、人間を尊重する企業集団であり、地域社会に貢献し続ける地域産業であるという理念をきちっと教育化していかなければならないと考えています。

この理念の大切さは、中国に行ってもアセアンに行っても同じです。中国で我々は3回、爆破事件や、襲撃事件を経験しています。しかし、後の始末をしているのは、全部中国人です。ああいう襲撃の後は、きちんと現状を回復するということをします。あの中国人を見ていると、やっぱりお客さま第一で、我々はきちっと買い物の場を提供していかないといけないという理念が中国人社員達の中にも浸透しているのです。同じ中国人が私たちの店を襲撃してもお客さまのために元通りの気持ちの良い売り場に戻さなくてはいけない。こういうイオンの理念が共有されているからこそ、教育しているからこそ、目標にしているからこそ、できたのだと思います。感動的シーンでありました。いずれにしろ、こういう理念を共有していくことがいかに大事かという気がします。

最後に、私どもはこの地球について、今日は環境の問題については余り申しませんでしたが、この地球というのは、子孫から預かっているものです。それを我々が破壊してどうするのですか。直すものは直す。修復するものは修復する。木を植える、そんなことしかできないけれど、できる限りの努力をしなければなりません。

また、イオンという会社は、おそらくこのまま成長していけば、正しい理念を持って進んでいけば、50万人、100万人の雇用を保持することができるはずです。30年後の100万人の従業員のために、我々は今何をすべきか。そういう意識を持って働いていかなければならないと思っています。

少し時間をオーバーしてしまいましたが、ご清聴、どうもありがとうございました。

パネルディスカッション

グローバル化する地域経済と大学の役割

登壇者　ビル・エモット
松本　英登
徐　萬哲
林　直樹
総合司会　杉山　慎策

ビル・エモット

元エコノミスト誌編集長・就実大学経営学部経営学科客員教授

1956年イギリス生まれ。80年に英エコノミスト誌ブリュッセル支局に参加。ロンドンでの同誌経済担当記者を経て83年に来日。東京支局長としてアジアを担当。86年に金融担当部長として帰国。その後ビジネス部門編集長となり、1993~2006年、同誌編集長を務める。1989年、日本のバブル崩壊を予測した『日はまた沈む』がベストセラーに。2006年には日本の経済復活を宣言した『日はまた昇る』が再び話題となる。

松本英登

文部科学省高等教育局高等教育企画課国際企画室長。

1998年旧科学技術庁入庁後、原子力関係、初等中等教育関係の業務に従事後、科学技術理解増進、スーパーサイエンスハイスクール等の立ち上げの実務を担当。その後、英国留学、原子力施設の立地地域対策、記者クラブ対応、副大臣秘書官事務取扱、東日本大震災対応業務等に従事したのち、前職は在スウェーデン日本国大使館一等書記官。2014年8月より現職。

徐　萬哲

韓国国立公州大学校地球環境学部教授

前公州大学校総長・地球物理学Ph.D(ルイジアナ州立大学)

2010年から2014年まで公州大学校総長、韓国国立大学学長協会会長を務められた。公州大学校は韓国忠清南道公州市にある大学で、国際化の先進校として国内外で知られている。韓日基礎科学協力プログラム(KOSEF-JSPS)議長、韓国教育科学技術省諮問委員会委員、韓国国連国際記念物遺跡会議(ICOMOS)委員などの公職も多数。

林　直樹

イオン株式会社相談役

元取締役会議長

イオン前身であるジャスコ株式会社設立時に入社。人事・総務担当役員時はイオン人事制度の基盤を築き、ディベロッパー担当役員時にはショッピングモール開発に尽力。その後、同社取締役会議長に就任され、ガバナンスと内部統制の推進に努められた。

司会　それではただ今より、「グローバル化する地域経済と大学の役割」と題して、パネルディスカッションに移らせていただきます。パネルディスカッションには、先ほど講演をしていただきましたビル・エモット様、松本英登様、徐萬哲（セオ・マンチョル）様、林直樹様に引き続きパネラーをお願いいたします。

なお、進行役は杉山慎策教授です。それではよろしくお願いします。

杉山　素晴らしい4人の方の基調講演を聞いて、皆様それぞれに考えるところが大変多かったのではないかと思いますけれども、残念ながら時間がございませんので、3つぐらいに絞って質問したいと思います。

最初に、やはり「グローバル化」というものは一体、何なのかということを、それぞれ基調講演をされた方にお尋ねしたいと思います。大変恐縮ですが、お一人2、3分で発言をしていただいたら助かりますのでよろしくお願い致します。

それでは、まず、エモットさんはラグビーの日本チームのお話をされて、非常に面白いなと思ったのですけれども、ラグビーのメンバーが移民ではない、そういうダイバーシティのかたちで入れているということとか、それからコーチだとか監督が外人だという、そういうことをおっしゃられていました。近い将来、日本の「相撲レスラー」は、すべて外人になる時代もそう遠くないのではないかと思いますので、そういう観点から一言、短いメッセージをいただけるとありがたいと思います。

グルーバル化とは多様性

エモット　私は、グローバル化というのはdiversity「多様性」だと思うのです。ですからいろいろな革新とか様々な機会、それから着想というのは、いろいろな場所でいろいろな人たちから発せられる。グローバル化とはそういうものだと思います。

そして発せられるメッセージは、それが地元であろうとそれ以外のところであろうと、違いがなくなる。反対にいうと、考え方とか着想は場所によって違いがなくなるであろうということです。かつて１９８０年代に中曽根首相が海外に出掛けて行って、何か発言したとします。当時であったなら、アメリカで語ったことについて、日本で全く違う結論を語ったとしても、何ら問題にならなかったでしょう。今はそういうことは到底不可能です。

そして三つ目に、今はもう非常に複雑なシールドということがあるので、昔のように簡単に、地元、自分のところ、それから外国というような一極に偏った考え方ではなくて、いろいろなものがいろいろなところで、いろいろな形で関わり合っているということではないでしょうか。昔みたいにアメリカがすべての分野において先進的であって、その他多数の国々が追従するというようなことではもうなくなってきていると思います。

一つだけ変わらないのは、ラグビーで常に勝つのはニュージーランドということです（笑）。

杉山　「ダイバーシティ」ということをおっしゃられていたのですけど、ダイバーシティということであれば、イオンの林先生にお伺いしたいと思います。

イオンではダイバーシティといっても、男性が管理職になれないので、一生懸命ゲタを履かせないと男性が活躍できないと、そういう可能性が非常に強いということを言われていました。もう一つは「専門性」と「度胸」ということもおっしゃられていて、やはり不確実な要素ということをエモット先生の話では、「uncertainty」という言葉で表現されたと思うのですけれども、グローバル化すればするほど分からないことがいっぱいある。そういう中で多分度胸を持ってチャレンジをしないといけないんだというメッセージとして私は受け取りましたが、林先生のほうから、グローバル化とは、何か一言でいうとすればどうなりますでしょうか。

日本人としてのアイデンティティが不可欠

林　イオンの経営しか経験がないものですから、これが普遍性をもつものやら、もたないものやら分からないのですけれども、ただ日本がどうしてグローバル化できないのか、なかなか時間がかかるのかという点を考えてみた場合に、やはりアセアンの国々等と比べて、国境が海だということ、隔絶された世界の中だけで最適化されてきたような社会、それも人口が1億3000万人もいるので、それなりの市場が出来ていたということが原点にあるのだろうと思います。

エモットさんのおっしゃるような多様性ということに対する理解は、そういう側面もあるのではないかと思います。アセアンに行って一番思うのは、陸続きでいろんな紛争の歴史を経て今日があるということ、それから民族の移動、交流がいろいろあったということですね。もう一つ大きいのは、植民地時代を経験しているということ。中国に植民地時代があったかどうか、エモットさんの前であまり植民地の話をしない方がいいのかも知れませんが、とにかく食うか食われるかという状況の中で、実質、国の解体のようなことが起こりました。

一方、日本はそういう経験がない。明治維新の時も植民地化は避けられました。敗戦後も、占領はされましたが、植民地にはならなかった。

一方で植民地化されなかったがゆえに国際化できなかった。グローバル市場と環境を合わせていくということが余りなかったということではないでしょうか。

このことが一方で、日本人としてのアイデンティティというものに対する理解が非常に弱い。

今多様性をいう前に必要なものは日本人としてのアイデンティティのはずなんですけれど、そこが非常に弱いのではないかということです。

我々の教育の中でもそうですけど、先ほど「度胸」と言いましたけど、やはり日本の企業の強みをいかに理解させた上で交流させるかというのが大事だなということを強く思っております。答えになっているかどうかですけども。

杉山　ありがとうございます。松本先生にご質問します。松本先生は文科省の考えていることを話していただきました。むしろ私が個人的にお聞きしたいと思うのは、松本先生はスコットランドに留学されたり、それからその後スウェーデンにもご駐在されていたので、ご自身のご経験です。スウェーデンでは日本の駐在員がどんどん減っているということをおっしゃられていましたけれども、何かそれ以外にご自身の体験された中でのグローバル化というのは一体どういうことだと思っていらっしゃいますか。何かコメントをいただければと思います。

早い時期に海外経験を

松本　個人的な話をして申し訳ないのですが、私が大学に入ったのは、１９９４年です。当時は東京のとある大学に行ったのですが、留学をするという選択肢は念頭にありませんでした。というのは留年しなければならないからです。私の1年後輩の下の女の子も1年やはり留年を覚悟して留学していました。幸いにして役所に入ることになったので、留学制度というのがあったので、私もいずれ海外に行くんだなと思っていました。30歳の時でしたけど英語の勉強もそれなりにやりまして、必要なスコアも取得したということで、イギリスに1年間出してもらったんです。

結論から申し上げると、「おまえ、あの1年で何を身に付けたんだ？」と言われると、先ほどの林先生のお話じゃないですが、「海外で生きて行く度胸」ですね（笑）。

1年間生きていけたということ。とにかく1年間、何もないと言ったら、エモット先生に叱られるかも知れませんけど（笑）、あのスコットランドで何とか一人で生きてきたというのが、やはり一番の経験で、先ほどから申し上げていますけど、まあ何とかなるでしょう、という感じですかね。

その当時の制度では、Prospective student（入学志願学生）といって、英語のスコアが取れなければ、大学に正式入学させずトレーニーとして派遣する、規定のスコアを出したら大学に入れてやるというものでした。それで行ったんですけど、英語のスコアは、まあ付いてくるということです。

申し上げたいのは、いまの国の施策の話にからむのですけど、どこの大学も今やろうとしているのは英語です。そして、英語の良いスコアが出せないというのは、べつに貴学に限ったことでもなく（笑）、ほかの大学でも、実は共通の問題です。

学生の皆さんに申し上げたいのですが、とにかく短い期間でもいいですから、世界旅行に行って、海外で何とかやってこれたという経験とか、英語を勉強しないといけないという強烈な欠乏感みたいなものを早く味わってもらいたいということです。そういうような話を、大学関係者は皆さんおっしゃいます。

就実大学では、杉山先生を先頭に一生懸命そういう機会の充実をされようとしていますので、皆さんも機会を見つけて、短期でもいいので、とにかく東南アジアでもヨーロッパでもアメリカでもどこでもいいですが、行って頂きたいということです。

私は30歳で行きましたが、正直遅すぎたと思いました。早いうちに行っていただきたいなと思います。

杉山　ありがとうございます。実は本学の学生が、いまインドネシアに留学しておりまして、「トイレが壊れている。水が流れない！」といってパニックになるんです。日本のトイレにはいろんなものが付いていて、それが却ってダメなんです。便座が自動的に上がったり下がったり、水が自動的に流れるとか。単純に上から水を流せば流れるということが分からない。「バケツで水をかけろ。そうしたら何とかなる」と言ってやったのですが、そういうようなことを、身をもってちゃんと経験すること、それも、できるだけ早く経験することが多分大切なんだろうなと思います。

徐先生のほうにお伺いしたいのですけど、スイスのチューリッヒ工科大学が発表しているＫＯＦインデックスで、日本は国際化インデックスが非常に低いということをおっしゃられていましたけども、日本というのは、先ほど林先生の話にもありましたけど中途半端に大きく、人口は1億2000万ちょっとで海に囲まれていて、結構外と付き合わないでも何とかなっているという国なんで、恐らく国際性というのが非常に低いんだろうと思うのです。それに比べると韓国は陸続きで、しかも人口が5000万なので、外に向かってやっていかないといけないのでグローバル化に対する意識が日本とは違うということがよく言われると思いますが、何かこのことについてコメントをいただけませんか。

古い価値観とグルーバル化は矛盾しない

徐　本日はお招きありがとうございました。まさにおっしゃる通りで、世界のリーダーである日本が、グローバル化で何でこんなにランクが低いのか、本当に不思議に思っています。

私の国では「沈黙は金なり」ということわざがあるので、あまり長い話をしたいと思っておりません(笑)。私にとってグローバル化というのは、自分自身の考えをグローバルな何かに変えることではないと思います。自分の価値観は持ち続けていいのではないかと思います。

実は私は、世界遺産を審査する委員会に属していたことがございまして、1997年にユネスコの会議にも参加いたしまして、その時に日光を世界遺産に登録するかどうかということについて審議しました。

世界遺産の審査におきましては、いかにそのもの自体がauthentic（正統な）ものであるか、そのものらしいか、本質的であるか、そのもの自体の価値観などが問われるわけで、例えばどのくらい自分らしいかということが問われるわけですが、古い価値観を大事にするということは大変に大事なことだと私は思っていまして、まさにグローバルに考えローカルに活動する“Think Globally, Act Locally”―これを進めていけばいいのではないかと思っております。昔の価値観を大切にすることこそが、この“Think Globally, Act Locally”につながるのではないかと考えます。

杉山　徐先生は、実は朝鮮通信使が江戸時代に朝鮮から日本へ来て、江戸へ向かう途上、岡山の牛窓や福山の鞆の浦に宿泊して、日韓交流が展開されたという話をもとに、日本の先生たちと連携されて、一緒に世界遺産登録を目指そうという運動をされた方で、そういう意味で本当に有り難いと思っています。

多分多様性とか、それからアイデンティティみたいなことが、中心の言葉が出て来て、私もアイデンティティを大切にしながら、多様性の中で生きて行くということが求められているんだろうなと思います。

グローバリゼーションというのは、これからどんどん進んでいくんだろうと思いますので、そういう観点から大学がどういうふうに対応していくのか、そこをしっかり考えていきたいなと思っております。

情報化とグローバル化

時間がないので、次の質問に入らせていただきたいと思います。次の質問は、「情報化」ということです。世界が小さな地球になってしまったという、これはトーマス・フリードマンが、『The World Is Flat』（フラット化する世界）という本を書いて世界的なベストセラーになったのですけども、その前にマーシャル・マクルーハンさんという方が、『The Gutenberg Galaxy』（グーテンベルクの銀河系）という本を書いていて、『グーテンベルクの銀河系』ではご承知のようにタイポグラフィー、活版印刷なんですけれども、それをやることによって聖書を製本し、それを世界中に広めた。つまりそれまでは口頭でしか伝承されなかった知恵が、本という形になって世界的に広まっていったということで、マーシャル・マクルーハンは、グローバルビレッジが誕生する切っ掛けになったと述べました。

レイ・カーツワイルは、『ポスト・ヒューマン誕生』という本で、２０４５年までにコンピューターが人間の知能を抜いてしまうということを予測しておりまして、同時にオクスフォード大学のマイケル・オズボーン博士は７０２の職種を分析しまして、そのうちの47％が、コンピューターに取って代わられるだろうと予言しております。これがその論文なんですけど、絶対なくなるだろうというリストの中には、実際には99％の確率でなくなると書いていますが、英語でいうテレマーケッティアーズ（Telemarketers）というのが一番下に出ています。これが99％の確率でなくなるだろうというのです。

テレマーケッティアーズというのはどういう仕事なのかというと、通販のアウトバウンドといって、多分皆さん方もご経験があると思いますが、「どこそこの会社ですけど、これ要りませんか」みたいな電話が掛かってくることがあると思います。そういうことをやる仕事のことで、これは１００％なくなると書いてあります。

ちなみに大学教授とかそういう人たちはどうなるのかというと、多分半分ぐらいの確率で残るであろうと予測されております。

一方で、無くならないと考えられている職種のトップは、レクリエイショナル・サラピスト

(Recreational therapist) です。人が人をカウンセリングしたり、触ったりとか、そういうのはコンピューターでは置き換えられませんので、絶対残るであろうというふうに言われております。

今日のご講演は、短い限られた時間の中で、グローバル化についてお話をしてくださいとお願いしました。もう時間がそれほどありませんが、グローバル化の中で、コミュニケーションから始まっていって、ICTがすごく広がっているというようなお話をされておりましたけども、もう一度エモットさんに、エモットさんが言われた、知識社会の中でアイデアがどのような役割を果たすのか、あるいは情報化、ICTの変革によって何が生まれてくるのかということについてのコメントをいただければと思います。

情報の分析は人間

エモット　私はオズボーン博士の考える生活や職業においてオートメーション化するとか、あるいはデジタルに取って代わられるといったような、そういう革命のようなことが起こることに対しては、もう少し楽観的にみています。つまり、そういうことは簡単には起こらないだろうということです。

まず一つは、必ず歴史において、新しい技術というのが常に生まれた経緯がありますけれども、その新しいものを、それを一体どういうふうにしてこなしていくかということに関しては時間がかかるものであって、それによって何らかの職業とか、あるいは職場とかがなくなることがあるかもしれませんけれども、それはやはり時間がかかるものなので、今この段階で判断するのは、ちょっと時期尚早だと思います。

二つ目に、確かに、今一番大きな問題になっている、課題になっていることというのは、やはり高齢化ということであって、日本が先頭を走っている高齢化によって社会のしくみが変わっていく。その後に他の国々でも、同様の変化が起こっていくと思います。そういったところにおいて、インフォメーション、インキュベーション、エボルーションとかオートメーション化とかいうものは、そういった高齢化社会においての解決策になるのではないかと思います。ただそれは、人間に取って代わるものではなくて、人間の能力にプラスしてそういった人工知能が生かされていく時代になるのではないかと考えます。

第三に、要するに、着想、思考のグローバル化というのは、このデジタルエボルーションによって起こってくるわけですけれども、結局情報がものすごく溢れていて、それを逆に理解するというところ、できているところというのはなかなか少ないので、それは私のようなアナリストの仕事、つまり情報を分析するという職業は今後も残るということについては楽観的に考えております。大学教授の仕事も同じだと思いますけれど（笑）。

杉山　海外の大学とかで講義をしたり、学生を連れて行って、向こうの大学へ行って、例えばパワーポイントを使って、ちゃんと発表し討論するというような教育はすごく大切だと思います。

松本先生にお聞きします。グローバル化で、海外の体制に対応するとか、海外と交渉するような能力を身につけるような教育を進めて行くに当たって、単にＩＣＴを活用するだけではなくて、参加型、発表型に変えていかないといけないような感じがしているのですけども、そのようなグローバル化教育に関するＩＣＴの活用について、何かご提案はございませんでしょうか。

ＩＣＴによる大学の国際化

松本　ＩＣＴの活用で、今一番よく紹介されている教育概念は、この中にいらっしゃるかもしれませんけど、教育学部の方で試みられている反転学習というもので、基礎的な学問のアウトライン、内容に関しては、授業時間外にＩＣＴで体系化されている教材で学んでもらって、授業ではそれをもとにディスカッションなどを通じて知識確認とか問題解決を考えるというようなことになっていくというのが、一般的な使い方だとは思います。

私はこのＩＣＴの話を伺ったときに最初に思ったのは、ＭＯＯＣｓ（Massive Open Online Course：インターネット上で受講できる大規模な公開講義）とかｅｄＸ（エデックス：世界中の学生にオンラインで無償で提供されている大学教育プラットフォーム）がアメリカで劇的に増えてきていることです。アメリカのニューヨーク大学が今世界中にオンラインで自分たちの授業を配信するような形になっていますが、このような動きに対して、日本の大学の中でどのように対応していくべきかというのが、「ＩＣＴ」に関してまず思い浮かぶ話です。

ＭＯＯＣｓに代表されるＩＣＴが今アメリカやイギリスの大学が世界中から優秀な学生をリクルートするための道具になっています。受講の登録を行いまして、ちゃんと授業の与えられた課題をこなすと、Certificate が出る。それで、例えばモンゴルの田舎にいるすごく優秀な学生がそれに登録してきたとすると、アメリカの大学はそれをピックアップして、それに実際に奨学金をつけてあげて、アメリカに呼び寄せる。そうやって世界中から優れた頭脳を集めてくるという国家的な戦略、大学経営上の戦略として推進しています。

それに対して、日本政府あるいは日本の大学が、どこまで同じような対応ができるかというと、先ほど申し上げたような言葉の問題などもあって、まだ対応しきれていないというのは重々承知しております。東大でも、部分的にそういう動きを始めていますが、英米の大学と比較すると相当遅れているのが現状です。

シリコンバレーから就実に

杉山　ありがとうございます。先ほどエモット先生もおっしゃられていましたけど、大学間の国際競争がすごく厳しくなるだろうと思っていまして、そういう中でも特にネットの授業というのは、これからすごく広がっていくのではないかと思います。

日本人が言葉の壁さえ越えれば、世界のトップの大学、ハーバードとかスタンフォードの先生の特別授業が全部受けられて単位も取れるという、そういう時代が、もうそこまで来ているのだろうと思います。

今、就実大学の経営学部で一生懸命考えているのは、インターネットを使って、シリコンバレーから就実の学生に講義を流すというプロジェクトです。これを来年度からスタートしようと思っております。新しいことにトライし、ぶつかっていかないと、何も変わらないので、そんなことを手掛けていきたいなと思っております。

徐先生にお話をお伺いしたいのですけど、先ほど“Silence is gold”（沈黙は金なり）ということをおっしゃいましたけども、儒教の国で、中国、韓国、日本は“Silence is gold”なんだろうと思いますが、実はイギリスとかヨーロッパの階級社会の中でも“Children are allowed to be seen but not heard”という言葉があって、「子どもたちは見ることはいいけども、話してはいけない」という意味ですが、欧米では多分、食事のマナーとしてそういうふうにしつけられているんだろうと思います。

韓国はＩＣＴの先進国で、日本よりも遙かに進んでいて、Ｗｉ－Ｆｉなんかも、日本では無料のＷｉ－Ｆｉはあまり普及していないのですけど、韓国ではいたるところにフリーＷｉ－Ｆｉが整備されている状況です。韓国では、そういうインフラを使いながら、大学におけるＩＣＴについてどのような取り組みをされているのかお教えいただけませんか。

オープンユニバーシティ

徐　はい、私はＷｉ－Ｆｉを使うことはできますが、詳しくはどういうふうなテクノロジーか存じあげません（笑）。しかしながら、コンピューター部門の責任者は、私が任命いたしました。達成したところにもっと助成金を出すようにと、要請もしております。

実はたくさんの授業が、ワールドワイドに、世界中に公開されておりまして、オープンユニバーシティと呼んでおります。韓国政府もサポートしておりまして、各大学から総長たちが集まってみんなで決めたことなんですけれど、学生は他大学の学生でもこのオープンユニバーシティに参加でき、それが自分の大学の単位になる、そういうシステムを公州大学は持っています。

しかし、実はハッキングの恐れが非常にありまして、軍の関係の情報などもございますので、システムをいかにハッキングされないかということに対して、非常に神経を使っておりまして、ハッキング対策について、今最も力を入れています。

杉山　ありがとうございます。公州大学のＰＲをしておきたいと思いますけれども、この中にそういう学生がいればの話ですが、ＴＯＥＩＣ（場合によってはＴＯＥＦＬ）が９００点ぐらい取れていると、公州大学に留学することができます。授業料が多分年間17万円くらい、それに素晴らしい寮がありまして、その寮での生活費が月に１万５０００円ぐらいで大学生活を送ることができます。入学時には大学の準備委員がいて留学生に対して全て英語で丁寧にサポートするといった本当に素晴らしい取り組みをされておられます。就実大学にそういうスタッフができたらいいなと思っていますけど、ちょっと今の段階では夢物語ということになるかも知れません。

次に、林先生にお伺いしたいと思うのですけども、学生たちは、多分よっぽどしごかないと、パワーポイントもエクセルも、下手をすればワードも使えない。ＬＩＮＥばっかりをやっていて、まともなメールも書けないという学生たちがいっぱい会社に入ってきて、ＩＣＴの教育とかはなかなか大変なんじゃないかと思うんですけれども、そういうことを踏まえて、ＩＣＴについて、情報化について、どういう意見をお持ちかというのをお聞かせいただきたいと思います。

ビジネスの情報化はデスクワークではない

林　文章も書けないというふうな話で、おもしろい話はいくらでもあります。それに類する話は、情報化の中にもあります。我々のビジネスはもはや情報化から逃げることもできないし、我々のビジネスモデルもその前提の上で成り立っています。現在、ウォルマートが世界で一番の売上です。売上60兆円をいつ達成するか、というぐらいまできている。ウォルマートの成功というのは、明らかに情報化によってビジネスをつくり上げたということになるわけです。

一方で、我々は50万人の社員を教育して、やはり情報のリテラシーを高めていくことが必要で、ＩＴというものをスキルにまで引き上げていかなきゃいけないというふうに考えています。しかし、そのスキルを身に着けさせるために行う教育、ないしは技術教育といったものは、ある意味ではそんなに難しいことではありません。

一番難しいのは、先ほど多様性を理解させるということを言いました。多様性を理解するベースに、日本人としてのアイデンティティが無ければなりません。ここをどう教育していくのか、これは非常に難しいことであり、これからもその重要性は変わらないと思います。

このことは、大学がグローバル化にどう対処すべきかという話にもつながると思いますけども、例えば日本の歴史とか哲学とかいったものの基本的な知識が、いまは全くどこでも教育されないというかたちで来ている。それは戦後教育が生みだしたものという批判がございますけれども、戦後、日本の歴史や文化に関する教育が疎かになっていたことは否めない事実であろうと思います。

これからは情報化された時代で、いろんな国と簡単にコミュニケーションがとれる時代になりました。海外進出して現地の人々と真の交流を深めるには、一方で日本人としてのアイデンティティをどうやってきちっと教育していくか、植え付けていくのか、こういったことを真剣に考えないといけない、というふうに我々自身が反省しています。

それでもう一つ、ＩＣＴ教育についてですけども、例えば会議をするのに、ほとんどテレビ会議なんですけれども、マレーシアだとかインドネシア、中国との会議は、まあ時差もありますから、大体14時前後に始まる。それをやって情報を共有化していく。共同でやっているセミナーを日本で聴くこともできる。これは非常に便利なんですけども、実際には、ビジネスの現場を見ていないのです。見ていないということは知らないということだから、知らないのに議論している。それはいわゆる「空論」みたいなものです。これが横行してきていることは間違いないようです。このことは情報化を考える上で、非常に気をつけなければならないことだと思います。デスクワークで済ます人間が、特に増えてきていることに対して、我々は大変な危機感を持っています。ちょっと答えになったかどうか分かりませんけれども。

大学はどこへ向かうべきか

杉山　ありがとうございます。最後の質問として、「大学とは、いったい何をすべきなのだろうか」ということをお尋ねしたいと思います。やらなければいけないことは山のようにあると思いますが、これだけのパネリストの方がいらっしゃるので、大学が、このようにグローバル化とか情報化が加速化されていく中で、一つだけやるとしたら、何をなすべきかということについてのご意見をぜひお聞かせ願いたいと思います。

その観点からいうと、ユニバーシティー（University）の語源はラテン語の「ユニ（uni）」という一つという単語と、「バーシス（versus）」という方向ないし向きを変えるという単語が合成されてできた言葉なのだそうです。つまり、一つの方向に向かうように教育をするというのが、ユニバーシティーの元々の意味だということですが、そういう意味で、一体今後大学はどういう方向に向かったらいいのかという点について、ゲストの方から、それぞれご意見を頂きたいと思います。

松本先生は責任者でございますので（笑）、最後にお答えをしていただきたいと思います。まず、林先生は、先ほども国際化した中で生きていくためには、自国の歴史や文化をふまえて日本人としてのアイデンティティをしっかり作り上げないといけないだろうという話をされましたが、林先生のほうから、とりあえず大学は、一体どういうことを、この2年間、3年間でやるべきなのかということについて、ご意見をいただけませんか。

就実らしいグローバル化を

林　一番難しい質問をされたなと思っています。と言いますのが、私自身が大学の現状というのを分かっていない、理解できていないからです。従いまして短期的に何をしたらいいのかという点についてはよく分かりません。しかし中長期的にどういうふうな方向で行くのがいいのかということからすれば、やはりグローバルという動きに対して、この大学としてどこをポイントにしていくか、客観的に世界情勢を判断して、その中で何をやるか。小売業界の話でいえば、イオンはショッピングセンターで行く。セブンさんはコンビニエンス化していくという全く違う考え方なんです。しかしお客さんのニーズに対応してB to Cビジネスをやっていくうえで、この方法で当社は貢献します、ということをそれぞれが決めたんです。それで一生懸命やってきたわけなんです。それで、どっちが成功するのか分かりませんけど、今のところそれで世間は受け入れてくれているということです。そういうことだろうと思うんですね。

だから大学も同じで、就実らしさというものを生み出して行くことだと思うのです。グローバル化ということを、どの大学も同じことを言うのであれば、その中で何を選択していくのか。それはやはり大学を企業として考えたときに、「経営者」の意志みたいなものです。そういうことをやりたい人、そういう学生さんをまず集めるということから始めるんです。それが何なのかというのは、私には皆目分からないということであります。

杉山　ありがとうございます。今おっしゃられた、我々が何を考えないといけないのか。それは客観的な情報、エビデンスに基づいて主観的にそれを判断しろと、何か、よそのまねじゃなくて、ちゃんと独自性のあるものをやれということなんだろうと思います。

それでは徐先生に質問ですが、大学や大学院なんですけど、こういうグローバル化の中で大学は何をやればいいのか。既に公州大学の国際化についてお話しいただきましたけれど、ほかに何かやるべきことがあればぜひお聞かせいただければと思います。公州大学とは今後も一層関係を深めさせていただきたいと思っておりますがいかがでしょうか。

英語での授業推進

徐　実は、もっとたくさんの留学生を呼びたいのですけれども、学部によっては授業の全てが英語で行われているわけではない、むしろごく一部の授業だけが英語で行われているに過ぎない学部もあるので、これは実は大変です。国際教養学部だけは全て英語で授業を行っていますが。

政府の審査において、留学生のパーセンテージの数字を問われたりしますので、実は頭痛の種でございまして、いかに留学生をキープして、また増やすかということを常に考えています。解決法としますと、もっと英語のクラスを増やすしかないのではないかと思います。そういう意味で新しい学部を設置し、そこで全部英語で教育するといったことを考えています。

実は高校生が韓国で激減しておりまして、それに伴っていま教育庁は大学のリストラをやろうとしております。つまり閉鎖することになる大学も出て来るわけでありまして、どんどん審査も厳しくなっています。私の大学は国立ですので、やはり政府の意向に沿わなければなりません。そういう意味で新しい学部を作って対応するしかないのかなと思いまして、教授たちにも今相談をしているという状況であります。

国立大学の教授は、既にテニュア（終身在職権、Tenure）を持っていますので、なかなか流用性に乏しいという問題があります。私立大学になりますと、英語で授業できる教員に入れ替えることなどが、もっと簡単にできるのですが、私のいる国立大学では、なかなか簡単にはいきません。ということで新しいディビション、国際教養学部などを作りましてすべて英語で授業するということをやったわけです。

大学は多様な「つながりの中心」

杉山　エモットさん、グローバル化に対して大学がなにをすればいいかということについて、いくつかアイデアはありますでしょうか。

エモット　あまりたくさんのアイデアを求めるのは、危険ではないでしょうか（笑）。2つ提案があります。まず一つは、世界の方から自分の大学の方へ人を呼び込むという考え方が重要だと思います。学生を世界へ送り出すというよりも、そちらの方に重点を置かれた方がいいと思います。そしてまた、教授陣も多彩なメンバーにして、外国人も教授陣に入れていく、起用するということを考えたらいいのではないでしょうか。

二つ目は、こちらがワクワクするようなグローバル化した現実の世界というものを想像すると、その一つは、多くの「起業家」が集まる所ではないでしょうか。ベンチャーファンドやインキュベータがあって、ビジネスを新たに始めようとする人々が知識とかアイデアを求めて集まってくる場所です。そこに多くの国籍の人々が来て、アイデアとか知恵を持ち寄るというような場に大学を変えていくべきです。

そして、そういった大学、特にビジネス系に強い大学としては、そういった起業に焦点を当てて、起業の場を作り、一般企業と提携をしながら起業者を育て、新しいビジネスを作っていくというフレームワークを創りあげて行く必要があります。そしてそのことが学生や卒業生などを引き付けて、新たなイノベーターを呼び込み、そしてそれがまた魅力となって、留学生や企業を引き付けていくというふうに展開できるのではないでしょうか。

先ほどのイオンさんの話で、企業内起業において素晴らしい成果を出されているということがありましたので、その原則をうまく適用して、今こそ大学というのは様々なアイデア、それから様々なつながりの中心であるわけですから、その部分を進めていかれることが重要ではないかと思います。

多分ここにいらっしゃる多くの学生さんも、新たな会社について、素晴らしいアイデアを持っていらっしゃると思いますが（笑）。

杉山　ありがとうございます。恐らく大学は、先ほど松本先生がお話しになった反転授業であるとか、起業アイデアとか、いろんな新しい試みが必要になってきますが、来年度は、ひとつ、経営学科の学生は在学中に、何でもいいから全員とにかく一社は会社をつくらないと卒業できないという制度にしてやらせてみるという新しい試みも面白いかなと思います（笑）。松本先生、最後にまとめていただければ幸いです。

国民国家の大学から「知の拠点」に

松本　具体策を申し上げるのは難しいので、この際、歴史とエピソード、概念的な話に逃げようと思うのですけど、先ほどユニバーシティの語源の由来を杉山先生がおっしゃいましたけども、この間ちょっと役所のOBとか大学の関係者とお話ししているときに出てきたのは、昔の大学のよさということです。「昔」といっても中途半端な昔ではなくて、中世ヨーロッパのボローニャ大学とかローマ大学とかエモット先生のオクスフォード大学のように、国民国家の大学という形のもの、日本の大学では帝国大学が初期に作られたと思うのですけども、そういった、良き国民、有能な官僚、優れた産業人材みたいなものを養成する大学という、日本の今まで慣れ親しんできたモデルというのが、もう保たなくなってきたという話になりました。

今何が求められているかというと、知の拠点、国際的な知の交流拠点への変革というのが多分大学に求められているのだと思います。

ただ、これは、日本には786の大学があるのですが、すべての大学がそうなれるかというと、多分ちょっと難しい。やはり一部の限られた大学になってきます。

かつ、日本の悲しいところは、国民国家の大学はがっちりとシステムを作って、かつ学問を日本語で完全にやれるようになっている素晴らしいシステムを作っていたのですが、私は最近、世界の大学ランキングを作っているクアクアレリ・シモンズ（Quacquarelli Symonds：QS）という会社ですとか、タイムズ・ハイヤー・エデュケーション（The Times Higher Education Supplement：THES）とかと話をする機会があるんですけど、釈然としないのは、先ほどの話にもなるのですが、シンガポールで同国の大学というのが、むしろ知のハブになるシステムというのをいち早く作っているのです。それはなぜかというと、植民地時代に英語を植え付け、英国型のシステムを植えつけていったからです。レイトカマー（新参者）の彼らが、150年前に学制を整えて大学を営々と作ってきた我々を追い抜いてしまって、我々の方はものが言える状況ではなくなってきているということです。

では、そこで我々すごく悲観的でいなきゃいけないかというと、案外そうでもないんじゃないかと思っています。個人的なエピソードなんですけど、私はスウェーデンで大使館に赴任していたとき、科学アタッシェという肩書きが付いていましたので、ノーベル財団の人と付き合いがありました。あるときノーベル博物館の館長をしているオーロフ・アメリーンさんという方と食事をしていたら「実はとても不思議なことがある」と言うのです。「なんですか」と言うと「なぜおまえの国のNobel laureates（ノーベル賞受賞者）は英語をしゃべれないんだ?」（笑）。ドクター・マスカワは英語が出来なかった。あれはびっくりだった。おまえの国の高等物理は何語で教えているのだという訳ですね。

まあもちろん、ずっと昔から日本語でやっていると答えたわけです。

すると「もう一つ不思議なことがある」と言うんです。何かと聞くと、「なぜおまえの国の教育大臣は英語がしゃべれないんだ?」（笑）。それはまた別の問題だという話をしました（笑）。

今年、幸い2人ノーベル賞受賞者が新たに出ましたので、我々の大臣がその授章式とパーティーに出るんじゃないかと思うのですけど、今度の大臣は、すごくボディランゲージが得意そうなので、コミュニケーションの工夫をされるんじゃないかと思います（笑）。

それで、それを考えた時に、この間ちょっとまた別のヒントになる話を聞きました。日本語でものを考えなきゃいけない、日本語でいろいろな創造的な仕事ができるという環境は、多分我々にとってものすごく財産なのではないかということです。益川先生の初期のいろんな業績というのは、日本語で考えることができたからという面もあると思うんです。文化的なそういうコンテンツとか西洋と比べたものの考え方の違いというのを、どうやって生かしていくかということも非常に重要だと思うのです。

私が読んだ慶応の先生が書かれた本の中に、日本は「寿司化」を目指すべきだというのがありました。グローバル化とは、日本にとってその影響を受ける何らかの動き、つまり、日本は「グローバル化を被る存在」であったわけです。そこで独自の強い文化的なコンテンツを維持して、逆に、例えばアメリカ人に、カリフォルニアロールを作らせるということが出来るのではないかということです。

我々はグローバル化の中でアイデンティティとかの話になってきますが、文化的なコンテンツというのをしっかりと維持して、それを理解することによって、学術研究の分野では、そこに足場を置きながら世界の学術の世界と戦っていくことで、いろいろな創造的な仕事ができるんじゃないかと思います。それこそノーベルが求めている人類の科学の進歩への貢献になるのではないかということです。

以上で終わりにさせていただきます。

閉会のことば

就実大学学長　片岡洋行

本日は講師の先生方、これからの大学の課題を考える上で大変興味深く貴重なお話を伺いました。ありがとうございました。

それから今日は経済界の皆さん、一般の皆さんもたくさん来られています。また学生の皆さんも多数参加していただきました。誠にありがとうございました。

今日のテーマは「グローバル化に大学が如何に対応していくか」ということで、具体的なはっきりとした答えは見つからなかったかもしれませんけれど、我々としても、本日の議論をふまえて、しっかりと大学を運営していかないといけないというふうに思います。

先ほどからいろんな視点からお話をいただきました。特にグローバル化というのは何となく大都市とか大企業とか、そういったところのレベルの話かなという印象がありますが、今は地方の時代です。地方においても企業はどんどん海外進出をしていますし、少子高齢化でどんどん労働人口も減ってきます。そうすると、地方にいても外国人労働者がどんどん増えていきますし、これからは海外に出掛けなくても国内でそういう外国人の方とともに働いたりする場面が増えてくると思います。そういったことで、グローバル化という流れの中で地方の大学は如何に対応すべきか、ということで今回のテーマが決まったものと承知しています。

先ほど文部科学省の松本先生のお話がありましたように、それから林先生もお話しになりましたが、やはり海外に出掛けて行くこと、「習うより慣れろ」ということ、このことの重要性は私もひしひしと感じています。いわゆる幼児、赤ちゃんとかは言葉を覚えるのは習っているわけではなくて、生活の中で言葉を覚えていっているわけです。そういった意味で、やはりどんどん海外に出掛けて行くことが大事ですので、文科省の方にも海外留学のそういう支援をどんどん増やしていただければと思います。

あともう一つ、今日のこのフォーラムを聞いて感じたことは、日本の英語教育の問題です。我々の世代では、どちらかというと読み書きは一生懸命勉強したので、何とかできるんですけれども、話したり聞いたりということがなかなかできないんです。だからこれからやはり若い人、というより、幼児期からそういった英語教育をしっかりやっていかないとグローバル化についていけないんじゃないかと思います。だからといって大学生はやらなくてもいいかというと、そうではなくて、やはり大学生は大学生なりに、グローバル化に対する力を付けないといけないというふうに思います。

それから、先ほどノーベル賞の話もありました。たまたま、2、3日前の日経新聞に京都大学の山極総長さんのインタビューが掲載されていました。「学生をどうグローバル人材に育てますか」という質問に対して、「学生の春、夏の休暇中にどんどん海外に短期留学させて、国際感覚を身に付けさせたい。だが英会話の習得が大学4年間の目標で終わってしまっては駄目だ。英語は習熟する必要があるが、たかが言葉だ、ツールの一つでしかない」というのですね。

重要なのは、大学4年間で考える力、これをしっかり身に着けることが必要です。それには、先ほどお話がありましたように、日本語で考えるのが一番ということで、日本の大学がこれまでこういった高度な高等教育をして、海外のあらゆる研究成果を挙げてきたというのは、自国語で研究、教育を高め、学術を確立した。だからこそノーベル賞が最近どんどん増えてきたのだというふうなことが書いてありました。

ということで、これからの教育は英語力を付けるのはもちろんですけども、やはり「人間力」というか自分で考えて判断して行動する、こういった力をしっかり身に付けてやっていく。そういう人間力を付けるというのが、このグローバル化、グローバル人材にはやはり必要なんじゃないかというふうに思えます。

そういったことを本学においてどう対応していくかということを、これから一生懸命考えて、就実らしいグローバル化のあり方を追求していきたいと思っております。

そういうことで、今日は4時間という長時間になりましたけれども、こういったフォーラムを毎年開催するということになっておりますので、今後ともまたご参加いただきたいと思っております。

では長時間にわたり、大変お疲れさまでした。ありがとうございました。

就実大学経営学部

現代社会が抱える多様な問題について、主にビジネスの観点から学ぶ学部。グローカルなマネジメント能力を身につけるカリキュラムで理論や実践を学び、ビジネスプロフェッショナルでありしかもグローカルな人材を育成する。グローカル人材とは、グローバルな視野を持ちながら、ローカルなニーズに対応できる人のこと。創立110周年を迎えた就実大学に2014年4月設置。

就実大学 / 就実短期大学 / 就実大学大学院

〒703-8516 岡山県岡山市中区西川原1-6-1
TEL：086-271-8111　FAX：086-271-8222
URL http://www.shujitsu.ac.jp/

グローバル化に大学は如何に対応すべきか

2016年10月11日　初版第1刷発行

編　者――就実大学経営学部
装　丁――佐藤豪人（HIDETO SATO DESIGN）
版　組――小林ちかゆき
編　集――金澤健吾
制　作――吉備人出版
〒700-0823　岡山市北区丸の内2丁目11-22
電話 086-235-3456　ファクス 086-234-3210
印刷所――株式会社三門印刷所
製本所――株式会社岡山みどり製本

ISBN978-4-86069-483-8